BEL-AMI

Guy de Maupassant

Infinity Spectrum Books

Publié par :

INFINITY SPECTRUM BOOKS

Email : infinityspectrumbooks@gmail.com

Première publication par Infinity Spectrum Books en 2025

Titre : **Bel-Ami**

ISBN (broché) : 9789369436248

ISBN (relié) : 9789369439188

ISBN (ebook): 9789369432097

TABLE OF CONTENTS

CHAPITRE I.
PAUVRETÉ

Après avoir changé sa pièce de cinq francs, Georges Duroy quitte le restaurant. Il tordit sa moustache à la manière militaire et jeta un coup d'œil rapide et large sur les convives, parmi lesquels se trouvaient trois vendeuses, un professeur de musique désordonné d'un âge incertain, et deux femmes avec leurs maris.

Lorsqu'il atteignit le trottoir, il s'arrêta pour réfléchir à la route qu'il devait prendre. C'était le 28 juin, et il n'avait que trois francs en poche pour le reste du mois. Cela signifiait deux dîners et aucun déjeuner, ou deux déjeuners et aucun dîner, selon le choix. Tandis qu'il réfléchissait à cet état de choses désagréable, il se promenait rue Notre-Dame de Lorette, gardant son air et son allure militaires, et bousculait grossièrement le peuple dans les rues pour se frayer un chemin. Il semblait hostile aux passants, et même aux maisons, à toute la ville.

Grand, bien bâti, blond, aux yeux bleus, à la moustache bouclée, aux cheveux naturellement ondulés et séparés au milieu, il rappelait le héros des romans populaires.

C'était une de ces chaudes soirées parisiennes où pas un souffle d'air ne remue ; Les égouts exhalaient des gaz toxiques et les restaurants les odeurs désagréables de la cuisine et des odeurs apparentées. Des porteurs en manches de chemise, à califourchon sur leurs chaises, fumaient leur pipe aux portes des voitures, et les piétons se promenaient tranquillement, chapeau à la main.

Arrivé sur le boulevard, Georges Duroy s'arrêta de nouveau, indécis sur la route à choisir. Finalement, il se tourna vers la Madeleine et suivit le flot des gens.

Les grands cafés bien fréquentés tentaient Duroy, mais s'il ne buvait que deux verres de bière par soirée, adieu au maigre souper du lendemain soir ! Pourtant, il se dit : « Je vais prendre un verre à l'Américain. Par Dieu, j'ai soif.

Il jeta un coup d'œil aux hommes assis aux tables, des hommes qui pouvaient se permettre d'étancher leur soif, et il les regarda d'un air renfrogné. « Coquins ! » murmura-t-il. S'il avait pu attraper l'un d'eux dans un coin dans l'obscurité, il l'aurait étranglé sans scrupule ! Il se rappela les deux années passées en Afrique et la manière dont il avait extorqué de l'argent aux Arabes. Un sourire se dessina sur ses lèvres au souvenir d'une escapade qui avait coûté la vie à trois hommes, une incursion qui avait donné à ses deux camarades et à lui-même soixante-dix volailles, deux moutons, de l'argent et de quoi rire pendant six mois. Les coupables n'ont jamais été retrouvés ; en effet, ils n'étaient pas recherchés, l'Arabe étant regardé comme la proie du soldat.

Mais à Paris, c'était différent ; Là, on ne pouvait pas commettre de tels actes en toute impunité. Il regrettait de n'être pas resté où il était ; mais il avait espéré améliorer sa condition, et c'est pour cela qu'il était à Paris !

Il passa devant le Vaudeville et s'arrêta au Café Américain, se demandant s'il devait prendre ce « verre ». Avant de se décider, il jeta un coup d'œil à une horloge ; Il était neuf heures et quart. Il savait que lorsque la bière serait placée devant lui, il la boirait ; Et puis que ferait-il à onze heures ? Il continua donc son chemin, avec l'intention d'aller jusqu'à la Madeleine et d'en revenir.

Lorsqu'il arriva place de l'Opéra, un grand jeune homme passa devant lui, dont il crut que la figure lui était familière. Il le suivit en répétant : « Où diable ai-je vu ce gaillard ? »

Pendant un certain temps, il se creusa la tête en vain ; puis tout à coup il vit le même homme, mais moins corpulent et plus jeune, vêtu de l'uniforme d'un hussard. Il s'écria : « Attendez, Forestier ! » et, se hâtant de s'approcher de lui, il posa la main sur l'épaule de l'homme. Celui-ci se retourna, le regarda et lui dit : « Que voulez-vous, monsieur ? »

Duroy se mit à rire : « Tu ne te souviens pas de moi ? »

« Non. »

— Je ne me souviens pas de Georges Duroy, du 6e hussards.

Forestier tendit les deux mains.

« Ah, mon cher, comment allez-vous ? »

— Très bien. Et comment allez-vous ?

« Oh, je ne vais pas très bien. Je tousse six mois sur douze à cause d'une bronchite contractée à Bougival, à peu près à l'époque de mon retour à Paris, il y a quatre ans.

« Mais tu as l'air bien. »

Forestier, prenant le bras de son ancien camarade, lui parla de sa maladie, des consultations, des avis et des conseils des médecins et de la difficulté de suivre leurs conseils dans sa position. Ils lui ordonnèrent de passer l'hiver dans le sud, mais comment le pourrait-il ? Il était marié et était journaliste à un poste éditorial à responsabilité.

« Je dirige le département politique de La Vie Française ; Je rends compte des faits et gestes du Sénat pour le Salut, et de temps en temps j'écris pour la Planète. C'est ce que je fais.

Duroy, surpris, lui jeta un coup d'œil. Il était très changé. Autrefois, Forestier avait été maigre, étourdi, bruyant et toujours de bonne humeur. Mais trois ans de vie à Paris avaient fait de lui un autre homme ; maintenant il était gros et sérieux, et ses cheveux étaient gris sur ses tempes, bien qu'il ne pût pas compter plus de vingt-sept ans.

Forestier lui demanda : « Où allez-vous ? »

Duroy a répondu : « Nulle part en particulier. »

— Très bien, voulez-vous m'accompagner à la Vie Française où j'ai quelques épreuves à corriger ; et ensuite prendre un verre avec moi ?

— Oui, volontiers.

Ils marchaient bras dessus bras dessous avec cette familiarité qui existe entre camarades de classe et frères officiers.

— Que faites-vous à Paris ? demanda Forestier en haussant les épaules.

« Mourir de faim, tout simplement. Quand mon temps fut écoulé, je suis venu ici pour faire fortune, ou plutôt pour vivre à Paris, et pendant six mois j'ai été employé dans un bureau de chemin de fer pour quinze cents francs de rente.

Forestier murmura : « Ce n'est pas beaucoup. »

— Mais que puis-je faire ? répondit Duroy. « Je suis seul, je ne connais personne, je n'ai pas de recommandations. L'esprit ne manque pas, mais les moyens le sont.

Son compagnon le regardait de la tête aux pieds comme un homme pratique qui examine un sujet ; puis il dit d'un ton de conviction : « Voyez-vous, mon cher, tout dépend de l'assurance, ici. Un homme perspicace et observateur peut parfois devenir ministre. Vous devez vous imposer et pourtant ne rien demander. Mais comment se fait-il que vous n'ayez rien trouvé de mieux qu'un poste de commis à la gare ?

Duroy répondit : « J'ai cherché partout et je n'ai rien trouvé d'autre. Mais je sais où je peux trouver au moins trois mille francs, comme maître d'équitation à l'école Pellerin.

Forestier l'arrêta : « Ne le faites pas, car vous pouvez gagner dix mille francs. Vous ruinerez vos perspectives d'un seul coup. Dans votre bureau, au moins, personne ne vous connaît ; Vous pouvez le quitter si vous le souhaitez à tout moment. Mais une fois que vous serez maître d'équitation, tout sera fini. Autant être majordome dans une maison où tout Paris vient dîner. Quand tu auras donné des leçons d'équitation à des hommes du monde ou à leurs fils, ils ne te considéreront plus comme leur égal.

Il s'arrêta, réfléchit quelques secondes, puis demanda :

« Êtes-vous célibataire ? »

— Oui, bien que j'aie été frappé plusieurs fois.

« Cela ne fait aucune différence. Si Cicéron et Tibère étaient mentionnés, sauriez-vous qui ils étaient ?

« Oui. »

« Bien, personne n'en sait plus, sauf une vingtaine d'imbéciles. Il n'est pas difficile de passer pour être savant. Le secret n'est pas de trahir votre ignorance. Il suffit de manœuvrer, d'éviter les sables mouvants et les obstacles, et le reste se trouve dans un dictionnaire.

Il parlait comme quelqu'un qui comprend la nature humaine, et il souriait quand la foule passait devant eux. Soudain, il se mit à tousser et s'arrêta pour laisser le paroxysme se répandre ; Puis il dit d'un ton découragé :

« N'est-ce pas fatigant de ne pas pouvoir se débarrasser de cette bronchite ? Et voici le milieu de l'été ! Cet hiver, j'irai à Mentone. La santé avant tout.

Ils atteignirent le boulevard Poissonnière ; Derrière une grande porte vitrée, un papier ouvert était apposé ; Trois personnes le lisaient. Au-dessus de la porte était imprimée la légende : « La Vie Française ».

Forestier poussa la porte et dit : « Entrez. » Duroy entra ; Ils montèrent l'escalier, traversèrent une antichambre où deux commis saluaient leur camarade, puis entrèrent dans une sorte de salle d'attente.

— Asseyez-vous, dit Forestier, je serai de retour dans cinq minutes, et il disparut.

Duroy resta où il était ; De temps en temps, des hommes passaient à côté de lui, entraient par une porte et sortaient par une autre avant qu'il n'ait le temps de les regarder.

Maintenant, c'étaient des jeunes gens, très jeunes, avec un air occupé, tenant des feuilles de papier à la main ; tantôt compositeurs, leurs chemises tachetées d'encre, portant soigneusement ce qui était manifestement des épreuves fraîches. De temps en temps, un gentleman entrait, habillé à la mode, un journaliste apportant des nouvelles.

Forestier reparut bras dessus bras dessous avec un homme grand et maigre de trente ou quarante ans, vêtu d'un habit noir, d'une cravate blanche, d'un teint sombre et d'un air insolent et satisfait de lui-même. Forestier lui dit : « Adieu, mon cher monsieur », et l'autre lui serra la main en disant : « Au revoir, mon ami. » Puis il descendit l'escalier en sifflant, sa canne sous le bras.

Duroy lui demanda son nom.

« C'est Jacques Rival, le célèbre écrivain et duelliste. Il venait corriger ses épreuves. Garin, Montel et lui sont les meilleurs écrivains spirituels et réalistes que nous ayons à Paris. Il gagne trente mille francs par an pour deux articles par semaine.

En descendant, ils rencontrèrent un petit homme gros aux cheveux longs, qui montait l'escalier en sifflant. Forestier s'inclina bas.

« Norbert de Varenne, dit-il, le poète, l'auteur des Soleils Morts, c'est un homme très cher. Chaque poème qu'il nous donne coûte trois cents francs, et le plus long n'a pas deux cents vers. Mais entrons dans le Napolitain, j'ai soif.

Lorsqu'ils furent assis à une table, Forestier commanda deux verres de bière. Il vida la sienne d'un seul trait, tandis que Duroy sirotait lentement sa bière comme si c'était quelque chose de rare et de précieux. Soudain, son compagnon lui demanda : « Pourquoi n'essayez-vous pas le journalisme ? »

Duroy le regarda avec surprise et lui dit : « Parce que je n'ai jamais rien écrit. »

« Bah, nous devons tous faire un début. Je pourrais vous employer moi-même en vous envoyant chercher des renseignements. Au début, vous ne receviez que deux cent cinquante francs par mois, mais vos frais de taxi étaient payés. Dois-je parler au directeur ?

« Si tu veux. »

— Eh bien, venez dîner avec moi demain ; Je n'en demanderai qu'à cinq ou six de vous rencontrer ; le directeur, M. Walter, sa femme, avec Jacques Rival, et Norbert de Varenne que vous venez de voir, et aussi un ami de Mme Forestier, viendrez-vous ?

Duroy hésita, rougissant et perplexe. Finalement, il murmura : « Je n'ai pas de vêtements convenables. »

Forestier était stupéfait. "Vous n'avez pas de costume ? Egad, c'est indispensable. À Paris, il vaut mieux ne pas avoir de lit que pas de vêtements. Puis, fouillant dans la poche de son gilet, il en tira deux louis, les posa devant son compagnon et lui dit avec bonté : « Tu me rendras quand il te plaira. Achetez-vous ce dont vous avez besoin et payez une mensualité dessus. Et venez dîner avec nous à sept heures et demie, au 17 rue Fontaine.

Confus, Duroy ramassa l'argent et balbutia : « Vous êtes bien bon, je vous en suis bien obligé, soyez sûr que je n'oublierai pas. »

Forestier l'interrompit : — C'est bon, prenez encore un verre de bière. Serveur, deux verres de plus ! Lorsqu'il a payé la note, le journaliste lui a demandé : « Voulez-vous une promenade d'une heure ? »

« Certainement. »

Ils se tournèrent vers la Madeleine. — Que ferons-nous ? demanda Forestier. On dit qu'à Paris un paresseux peut toujours trouver de l'amusement, mais ce n'est pas vrai. Un tour dans le Bois n'est agréable que si vous avez une dame avec vous, et c'est rare. Les cafés-concerts peuvent distraire mon tailleur et sa femme, mais ils ne m'intéressent pas. Alors, que pouvons-nous faire ? Rien! Il devrait y avoir un jardin d'été ici, ouvert la nuit, où un homme pourrait écouter de la bonne musique tout en buvant sous les arbres. Ce serait un lieu de détente agréable. Vous pouviez vous promener dans les ruelles éclairées par la lumière électrique et vous asseoir où bon vous semblait pour entendre la musique. Ce serait charmant. Où aimerais-tu aller ?

Duroy ne savait que répondre ; enfin il dit : « Je n'ai jamais été aux Folies Bergères. J'aimerais bien y aller.

Son compagnon s'écria : « Les Folies Bergères ! Très bien !

Ils firent demi-tour et se dirigèrent vers le faubourg Montmartre. Le bâtiment brillamment éclairé se dressait devant eux. Forestier entra, Duroy l'arrêta. « Nous avons oublié de passer par la porte. »

L'autre répondit d'un ton conséquent : « Je ne paie jamais », et s'approcha du box-office.

« Avez-vous une bonne boîte ? »

— Certainement, monsieur Forestier.

Il prit le billet qu'on lui tendait, poussa la porte et ils se trouvèrent dans le hall. Un nuage de fumée de tabac cachait presque la scène et le côté opposé du théâtre. Dans le vaste foyer qui menait à la promenade circulaire, des femmes brillamment vêtues se mêlaient à des hommes en manteau noir.

Forestier se fraya rapidement un chemin à travers la foule et aborda un huissier.

« Boîte 17 ? »

« Par ici, monsieur. »

Les amis ont été conduits dans une minuscule boîte, suspendue et recouverte de tapis rouge, avec quatre chaises rembourrées de la même couleur. Ils s'assirent d'eux-mêmes. À leur droite et à leur gauche se trouvaient des boîtes similaires. Sur la scène, trois hommes se produisaient sur des trapèzes. Mais Duroy n'y prêtait aucune attention, ses yeux trouvant plus de choses qui les intéressaient dans la grande promenade. Forestier remarqua l'aspect bigarouche de la foule, mais Duroy ne l'écouta pas. Une femme, appuyée ses bras sur le bord de sa loge, le regardait. C'était une grande brune voluptueuse, le visage blanchi d'émail, les yeux noirs crayonnés et les lèvres peintes. D'un mouvement de tête, elle appela une amie qui passait, une blonde aux cheveux auburn, également encline à l'embonpoint, et lui dit à voix basse : « Voilà un brave garçon ! »

Forestier l'entendit et dit à Duroy en souriant : « Tu as de la chance, mon cher enfant. Toutes mes félicitations !

Le ci-devant soldat rougit et toucha machinalement du doigt les deux pièces d'or de sa poche.

Le rideau tomba, l'orchestre joua une valse, et Duroy dit :

« On fait le tour de la galerie ? »

« Si tu veux. »

Bientôt, ils furent emportés par le courant des promeneurs. Duroy buvait avec délices l'air vicié qu'il était par le tabac et les parfums bon marché, mais Forestier transpirait, haletait et toussait.

« Allons dans le jardin », dit-il. Tournant à gauche, ils entrèrent dans une sorte de jardin couvert dans lequel jouaient deux grandes fontaines. Sous les ifs, des hommes et des femmes étaient assis à des tables pour boire.

— Encore un verre de bière ? demanda Forestier.

« Volontiers. »

Ils s'assirent et regardèrent les promeneurs. De temps en temps, une femme s'arrêtait et demandait avec un sourire grossier : « Qu'avez-vous à offrir, monsieur ? »

La réponse invariable de Forestier était : « Un verre d'eau de la fontaine ». Et la femme marmonnait : « Allez-y », et s'en allait.

Enfin, la brune réapparut, bras dessus bras dessous avec la blonde. Ils formaient un beau couple. Celui-ci sourit en apercevant Duroy, et, prenant une chaise, elle s'assit tranquillement devant lui et lui dit d'une voix claire : « Garçon, deux verres. »

Étonné, Forestier s'exclama : « Vous n'êtes pas du tout timide ! »

Elle répondit : « Votre ami m'a ensorcelée ; C'est un si brave garçon. Je crois qu'il m'a tourné la tête.

Duroy ne dit rien.

Le garçon apporta la bière, que les femmes avalèrent rapidement ; puis ils se levèrent, et la brune, hochant la tête et tapotant le bras de Duroy avec son éventail, lui dit : « Merci, mon cher ! Cependant, vous n'êtes pas très bavard.

Comme ils disparaissaient, Forestier se mit à rire et lui dit : « Dites-moi, mon vieux, saviez-vous que vous aviez un charme pour le sexe faible ? Vous devez faire attention.

Sans répondre, Duroy sourit. Son ami lui demanda : « Resteras-tu encore ? Je vais; J'en ai assez.

Georges murmura : — Oui, je resterai encore un peu : il n'est pas tard.

Forestier se leva : « Eh bien, adieu à demain. N'oubliez pas : 17 rue Fontaine à sept heures trente.

« Je n'oublierai pas. Merci.

Les amis se serrent la main et le journaliste laisse Duroy à lui-même.

Forestier une fois hors de vue, Duroy se sentit libre, et de nouveau il toucha joyeusement les pièces d'or de sa poche ; Puis, se levant, il se mêla à la foule.

Il découvre rapidement la blonde et la brune. Il s'avança vers eux, mais lorsqu'il fut près d'eux, il n'osa pas s'adresser à eux.

La brune l'appela : « As-tu trouvé ta langue ? »

Il balbutia : « Zounds ! » trop timide pour dire un mot de plus. Une pause s'ensuivit, pendant laquelle la brune lui prit le bras et ensemble elles quittèrent la salle.

CHAPITRE II.
MADAME FORESTIER

— Où habite M. Forestier ?

— Le troisième étage à gauche, dit plaisamment le portier en apprenant la destination de Duroy.

Georges monta l'escalier. Il était quelque peu gêné et mal à l'aise. Il avait un nouveau costume mais il était mal à l'aise. Il estimait qu'il était défectueux ; ses bottes n'étaient pas brillantes, il avait acheté sa chemise le soir même au Louvre pour quatre francs cinquante, ses pantalons étaient trop larges et trahissaient leur bon marché dans leur coupe, ou plutôt leur mauvais ajustement, et son habit était trop serré.

Lentement, il monta l'escalier, le cœur battant, l'esprit anxieux. Tout à coup, devant lui se tenait un monsieur bien habillé qui le regardait. L'homme ressemblait tellement à Duroy que celui-ci recula, puis s'arrêta, et vit que c'était sa propre image reflétée dans une glace ! N'ayant à la maison qu'un petit miroir, il n'avait pu se voir tout entier, et avait exagéré les imperfections de sa toilette. Quand il a vu son reflet dans la glace, il ne s'est même pas reconnu ; Il se prenait pour quelqu'un d'autre, pour un homme du monde, et était vraiment satisfait de son apparence générale. Souriant en lui-même, Duroy lui tendit la main et exprima son étonnement, son plaisir et son approbation. Une porte s'ouvrit sur l'escalier, il eut peur d'être surpris et commença à monter plus rapidement, craignant d'avoir pu être vu posant là par quelques-uns des invités de son ami.

En arrivant au second étage, il aperçut un autre miroir et, une fois de plus, ralentit le pas pour se regarder. Il s'arrêta aussi devant la troisième glace, fit tournoyer sa moustache, ôta son chapeau pour arranger ses cheveux, et murmura à demi-voix, comme il en avait l'habitude : « Les miroirs d'entrée sont très commodes. »

Puis il sonna. La porte s'ouvrit presque aussitôt, et devant lui se tenait un domestique en habit noir, au visage grave et rasé, si parfait dans son apparence que Duroy redevint confus en comparant la coupe de leurs vêtements.

Le laquais demanda :

— Qui dois-je annoncer, monsieur ? Il leva une portière et prononça le nom.

Duroy perdit le sang-froid lorsqu'il fut introduit dans un monde qui lui était encore étranger. Cependant, il a avancé. Une jeune femme blonde le reçut seul dans une grande pièce bien éclairée. Il s'arrêta, déconcerté. Qui était cette dame souriante ? Il se rappelait que Forestier était marié, et la pensée que la belle blonde était la femme de son ami le rendait maladroit et mal à l'aise. Il balbutia :

— Madame, je suis...

Elle tendit la main. — Je le sais, monsieur, que Charles m'a parlé de votre rencontre d'hier soir, et je suis bien aise qu'il vous ait demandé de dîner avec nous aujourd'hui.

Duroy rougit jusqu'à la racine des cheveux, ne sachant que répondre ; Il avait l'impression d'être inspecté de la tête aux pieds. Il songeait à moitié à s'excuser, à inventer une explication à l'insouciance de sa toilette, mais il ne savait comment aborder ce sujet délicat.

Il s'assit sur une chaise qu'elle lui indiqua, et, tandis qu'il s'enfonçait dans ses profondeurs luxuriantes, il lui sembla qu'il entrait dans une vie nouvelle et charmante, qu'il allait laisser sa marque dans le monde, qu'il était sauvé. Il jeta un coup d'œil à Mme Forestier. Elle portait une robe de cachemire bleu pâle qui s'accrochait gracieusement à ses formes souples et à ses contours arrondis ; Ses bras et sa gorge s'élevaient, d'une pureté blanche comme un lys, de la masse de dentelle qui ornait le corsage et les manches courtes. Ses cheveux étaient hauts et bouclés sur sa nuque.

Duroy se sentit plus à l'aise sous son regard, qui lui rappela, il ne savait pourquoi, celui de la jeune fille qu'il avait rencontrée la veille aux Folies-Bergères. Mme Forestier avait les yeux gris, un petit nez, des lèvres charnues, un menton un peu lourd, un visage irrégulier, séduisant, plein de douceur et pourtant de malice.

Après un court silence, elle demanda : « Êtes-vous à Paris depuis longtemps ? »

Reprenant peu à peu possession de lui-même, il répondit : « Quelques mois, Madame. Je suis employé dans les chemins de fer, mais mon ami Forestier m'a encouragé à espérer que, grâce à lui, je pourrai entrer dans le journalisme.

Elle sourit gentiment et murmura à voix basse : « Je sais. »

La cloche sonna de nouveau et le domestique annonça : « Mme de Marelle. » C'était une brune délicate, vêtue d'une simple robe sombre ; Une rose rouge dans ses cheveux noirs semblait accentuer son caractère particulier, et une jeune fille, ou plutôt une enfant, car elle l'était, la suivait.

Mme Forestier dit : « Bonsoir, Clotilde. »

« Bonsoir, Madeleine. »

Ils s'embrassèrent, puis l'enfant offrit son front avec l'assurance d'un adulte en disant :

« Bonsoir, cousin. »

Mme Forestier l'embrassa, puis lui fit les présentations :

« M. Georges Duroy, un vieil ami de Charles. Mme de Marelle, mon amie, une parente en fait. Elle a ajouté : « Ici, vous savez, nous ne nous contentons pas de cérémonie. »

Duroy s'inclina. La porte s'ouvrit de nouveau et un petit homme entra, à son bras une grande et belle femme, plus grande que lui et beaucoup plus jeune, aux manières distinguées et à l'allure digne. C'était M. Walter, député, financier, homme fortuné, homme d'affaires, gérant de la Vie Française, avec sa femme, née Basile Ravalade, fille du banquier du même nom.

Puis vint Jacques Rival, très élégant, suivi de Norbert de Varenne. Celui-ci s'avança avec la grâce de la vieille école, et, prenant la main de Mme Forestier, il la baisa ; ses longs cheveux tombaient sur le bras nu de son hôtesse.

Forestier entra alors, s'excusant d'être en retard ; Il avait été détenu.

Le domestique annonça le dîner, et ils entrèrent dans la salle à manger. Duroy fut placé entre Mme de Marelle et sa fille. Il fut de nouveau mis mal à l'aise, de peur de commettre quelque erreur dans la maniabilité conventionnelle de sa fourchette, de sa cuillère ou de ses verres, dont il avait quatre. Rien n'a été dit pendant la soupe ; puis Norbert de Varenne posa une question générale : « Avez-vous lu l'affaire Gauthier ? Comme c'était drôle !

S'ensuivit une discussion sur le sujet à laquelle les dames se joignirent. Puis on parla d'un duel et Jacques Rival mena la conversation ; C'était de son ressort. Duroy ne se risquait pas à faire une remarque, mais jetait de temps en temps un coup d'œil à son voisin. Un diamant sur un léger fil d'or pendait de son oreille ; De temps en temps, elle prononçait une remarque qui lui faisait sourire. Duroy cherchait en vain quelque compliment à lui faire ; il s'occupa de sa fille, remplit son verre, la servit, et l'enfant, plus digne que sa mère, le remercia gravement en lui disant : « Vous êtes bien bon, monsieur », tandis qu'elle écoutait la conversation d'un air pensif. Le dîner était excellent et tout le monde en était ravi.

La conversation revint sur la colonisation de l'Algérie. M. Walter fit quelques paroles plaisantes ; Forestier fit allusion à l'article qu'il avait préparé pour le lendemain ; Jacques Rival se déclara en faveur d'un gouvernement militaire avec des concessions de terres à tous les officiers après trente ans de service colonial.

« De cette façon, dit-il, vous pouvez établir une colonie forte, qui connaît et aime le pays, qui connaît sa langue et qui est capable de faire face à toutes ces questions locales mais graves auxquelles sont invariablement confrontés les nouveaux arrivants. »

Norbert de Varenne l'interrompit : « Oui, ils sauraient tout, excepté l'agriculture. Ils parlaient arabe, mais ils ne savaient pas comment repiquer des betteraves et comment semer du blé. Ils seraient forts en clôture, mais faibles dans l'art de l'agriculture. Au contraire, le nouveau pays doit être ouvert à tous. Les hommes intelligents se feraient des positions ; les autres succomberaient. C'est une loi naturelle.

Une pause s'ensuivit. Tout le monde a souri. Georges Duroy, effrayé par le son de sa propre voix, comme s'il ne l'avait jamais entendue, dit :

« Ce dont on a le plus besoin là-bas, c'est d'un bon sol. Les terres vraiment fertiles coûtent autant qu'en France et sont achetées par les Parisiens fortunés. Les vrais colons, les pauvres, sont généralement jetés dans le désert, où rien ne pousse faute d'eau.

Tous les yeux se tournèrent vers lui. Il a colorié. M. Walter demanda : « Connaissez-vous l'Algérie, monsieur ? »

Il a répondu : « Oui, monsieur, j'y suis resté vingt-huit mois. » Quittant le sujet de la colonisation, Norbert de Varenne l'interroge sur certaines coutumes algériennes. Georges parlait avec animation ; excité par le vin et le désir de plaire, il raconta des anecdotes sur le régiment, sur la vie arabe et sur la guerre.

Mme Walter lui murmura de sa voix douce : « Vous pourriez écrire une série d'articles charmants. »

Forestier profita de la situation pour dire à M. Walter : « Mon cher monsieur, je vous ai parlé tout à l'heure de M. Georges Duroy et je vous ai demandé de me permettre de le mettre dans l'équipe des reporters politiques. Depuis que Marambot nous a quittés, je n'ai eu personne pour prendre des rapports urgents et confidentiels, et le journal en souffre.

M. Walter mit ses lunettes pour examiner Duroy. Puis il dit : « Je suis persuadé que M. Duroy est original, et s'il veut venir me voir demain à trois heures, nous arrangerons les choses. » Après une pause, se tournant vers le jeune homme, il lui dit : « Vous pouvez nous écrire une petite esquisse sur l'Algérie, monsieur Duroy. Racontez simplement vos expériences ; Je suis sûr qu'ils intéresseront nos lecteurs. Mais vous devez le faire rapidement.

Mme Walter ajouta avec sa grâce sérieuse habituelle : « Vous aurez un titre charmant : Souvenirs d'un soldat en Afrique. N'est-ce pas, monsieur Norbert ?

Le vieux poète, qui avait acquis une renommée tardive, n'aimait pas et se méfiait des nouveaux venus. Il répondit sèchement : « Oui, excellent, pourvu qu'on l'écrive dans la bonne tonalité, car c'est là que réside la grande difficulté. »

Mme Forestier jeta sur Duroy un regard protecteur et souriant qui semblait lui dire : « Tu réussiras. » Le domestique remplit les verres de vin, et Forestier proposa le toast : « À la longue prospérité de la Vie Française. » Duroy sentait en lui une force surhumaine, un espoir infini et une résolution invincible. Il était maintenant à son aise au milieu de ces gens ; Ses yeux se posèrent sur leurs visages avec une assurance renouvelée, et, pour la première fois, il se hasarda à s'adresser à son voisin :

« Vous avez les plus belles boucles d'oreilles que j'aie jamais vues. »

Elle se tourna vers lui avec un sourire : « C'est une fantaisie pour moi de porter des diamants comme ça, simplement sur un fil. »

Il murmura en réponse, tremblant de son audace : « C'est charmant, mais l'oreille augmente la beauté de l'ornement. »

Elle le remercia d'un regard. Comme il tournait la tête, il rencontra les yeux de Mme Forestier, où il crut voir une expression mêlée de gaieté, de malice et d'encouragement. Tous les hommes parlaient en même temps ; Leur discussion fut animée.

Quand tout le monde sortit de la salle à manger, Duroy offrit le bras à la petite fille. Elle le remercia gravement et se mit sur la pointe des pieds pour poser sa main sur son bras. En entrant dans le salon, le jeune homme l'examina attentivement. Ce n'était pas une grande pièce ; mais il n'y avait pas de couleurs vives, et l'on se sentait à l'aise ; C'était reposant. Les murs étaient drapés de tentures violettes recouvertes de minuscules fleurs brodées de soie jaune. Les portières étaient d'un bleu grisâtre et les chaises étaient de toutes formes, de toutes tailles ; Éparpillés dans la pièce, des canapés, de grands et de petits fauteuils, tous recouverts de brocart Louis XVI ou de velours d'Utrecht, un fond couleur crème avec des fleurs de grenat.

— Prenez-vous du café, monsieur Duroy ? Mme Forestier lui offrit une tasse avec le sourire qui était toujours sur ses lèvres.

— Oui, madame, merci. Il prit la tasse et, ce faisant, la jeune femme lui chuchota : « Fais attention à Mme Walter. » Puis elle disparut avant qu'il n'ait pu répondre.

Il but d'abord son café, qu'il craignait de laisser tomber sur le tapis ; Puis il chercha un prétexte pour s'approcher de la femme du directeur et entamer une conversation. Tout à coup, il s'aperçut qu'elle tenait à la main une tasse vide, et comme elle n'était pas près d'une table, elle ne savait pas où la mettre. Il se précipita vers elle :

— Permettez-moi, madame.

« Merci, monsieur. »

Il prit la coupe et revint : « Si vous saviez, madame, quels moments agréables m'ont été procurés la Vie Française, quand j'étais dans le désert ! C'est en effet le seul journal qu'on se soucie de lire en dehors de la France ; Il contient tout.

Elle sourit avec une aimable indifférence en répondant : « M. Walter a eu beaucoup de peine à produire le genre de journal qu'il fallait. »

Ils parlaient de Paris, de la banlieue, de la Seine, des délices de l'été, de tout ce qu'ils pouvaient imaginer. Enfin M. Norbert de Varenne s'avança, un verre de liqueur à la main, et Duroy se retira discrètement. Mme de Marelle, qui causait avec son hôtesse, l'appela : « Alors, monsieur, dit-elle brusquement, vous allez essayer le journalisme ? » Cette question amena le renouveau de la conversation interrompue avec Mme Walter. À son tour, Mme de Marelle raconta des anecdotes, et, se familiarisant, posa la main sur le bras de Duroy. Il sentait qu'il voulait se consacrer à elle, à la protéger, et la lenteur avec laquelle il répondait à ses questions indiquait sa préoccupation. Tout à coup, sans aucune raison, Mme de Marelle appela : « Laurine ! » et la jeune fille vint à elle. « Assieds-toi ici, mon enfant, tu auras froid près de la fenêtre. »

Duroy fut saisi d'un vif désir d'embrasser l'enfant, comme si une partie de cette étreinte revenait à la mère. Il demanda d'un ton galant et paternel : « Voulez-vous me permettre de vous embrasser, mademoiselle ? » L'enfant leva les yeux d'un air surpris. Mme de Marelle dit en souriant : « Répondez. »

— Je vous le permettrai aujourd'hui, monsieur, mais pas tout le temps.

S'asseyant, Duroy prit Laurine sur ses genoux et baisa ses lèvres et ses cheveux fins et ondulés. Sa mère s'étonne : « Eh bien, c'est étrange ! D'ordinaire, elle ne permet qu'aux femmes de la caresser. Vous êtes irrésistible, monsieur !

Duroy rougit, mais ne répondit pas.

Quand Mme Forestier les rejoignit, un cri d'étonnement s'échappa d'elle : « Eh bien, Laurine est devenue sociable ; Quel miracle !

Le jeune homme se leva pour prendre congé, craignant qu'il ne gâtât sa conquête par quelque mot maladroit. Il s'inclina devant les dames, leur serra doucement les mains, puis serra la main des hommes. Il remarqua que celui de Jacques Rival était sec et chaud et répondit cordialement à sa pression ; Celle de Norbert de Varenne était humide et froide et lui glissait entre les doigts ; Celle de Walter était froide et douce, sans vie, sans expression ; Forestier gras et chaud.

Son ami lui dit tout bas : « Demain à trois heures ; n'oubliez pas.

« N'ayez crainte ! »

Lorsqu'il atteignit l'escalier, il eut envie de descendre en courant, tant sa joie était grande ; Il descendit deux marches à la fois, mais tout à coup, au second étage, dans la grande glace, il aperçut un monsieur qui se hâtait, et il ralentit le pas, aussi honteux que s'il eût été surpris dans un crime.

Il s'examina quelque temps avec un sourire complaisant ; puis, prenant congé de son image, il s'inclina bas, cérémonieusement, comme s'il saluait quelque grand personnage.

CHAPITRE III.
PREMIÈRES TENTATIVES

Quand Georges Duroy arrive dans la rue, il hésite sur ce qu'il doit faire. Il avait envie de se promener, rêvant à l'avenir et respirant le doux air de la nuit ; mais la pensée de la série d'articles commandés par M. Walter lui vint à l'esprit, et il se décida à rentrer immédiatement chez lui et à se mettre au travail. Il marcha rapidement jusqu'à ce qu'il arrive rue Boursault. L'immeuble dans lequel il vivait était occupé par vingt familles, des familles d'ouvriers, et, en montant l'escalier, il éprouva une sensation de dégoût et le désir de vivre comme le font les hommes riches. La chambre de Duroy se trouvait au cinquième étage. Il y entra, ouvrit sa fenêtre et regarda dehors : la vue était tout sauf prenante.

Il se détourna en pensant : « Cela ne va pas. Il faut que j'aille travailler. Il posa donc sa lampe sur la table et se mit à écrire. Il trempa sa plume dans l'encre et écrivit en tête de son papier d'une main audacieuse : « Souvenirs d'un soldat en Afrique ». Puis il chercha la première phrase. Il posa sa tête sur sa main et fixa la feuille blanche devant lui. Que devrait-il dire ? Tout à coup il pensa : « Il faut commencer par mon départ », et il écrivit : « En 1874, vers le 15 mai, au moment où la France épuisée recrutait après la catastrophe des années terribles... » Ici il s'arrêta net, ne sachant comment introduire son sujet. Après quelques minutes de réflexion, il décida de mettre cette page de côté jusqu'au lendemain, et d'écrire une description d'Alger. Il commença : « Alger est une ville très propre... » mais il ne put continuer. Après un effort, il ajouta : « Elle est habitée en partie par des Arabes. » Puis il jeta sa plume sur la table et se leva. Il jeta un coup d'œil autour de sa misérable chambre ;

Mentalement, il se révolta contre sa pauvreté et résolut de partir le lendemain.

Tout à coup, l'envie de travailler lui est venue, et il a essayé de recommencer l'article ; Il avait de vagues idées sur ce qu'il voulait dire, mais il ne pouvait pas exprimer ses pensées avec des mots. Convaincu de son incapacité, il se releva une fois de plus, son sang coulant rapidement dans ses veines. Il se tourna vers la fenêtre au moment où le train sortait du tunnel, et ses pensées revinrent à ses parents. Il a vu leur minuscule maison sur les hauteurs surplombant Rouen et la vallée de la Seine. Son père et sa mère tenaient une auberge, la Belle-Vue, où les habitants des faubourgs déjeunaient le dimanche. Ils avaient voulu faire de leur fils un « gentleman » et l'avaient envoyé à l'université. Ses études terminées, il était entré dans l'armée avec l'intention de devenir officier, colonel ou général. Mais dégoûté de la vie militaire, il décide de tenter sa chance à Paris. Quand son temps de service fut expiré, il s'y rendit, avec les résultats que nous avons vus. Il se réveilla de ses réflexions lorsque la locomotive siffla d'une voix aiguë, ferma sa fenêtre et commença à se déshabiller en marmonnant : « Bah, je pourrai mieux travailler demain matin. Mon cerveau n'est pas clair ce soir. J'ai un peu trop bu. Je ne peux pas bien travailler dans de telles circonstances. Il éteignit sa lumière et s'endormit.

Il se réveilla de bonne heure, et, se levant, ouvrit sa fenêtre pour respirer l'air frais. Au bout de quelques instants, il s'assit à sa table, trempa sa plume dans l'encre, posa la tête sur sa main et réfléchit, mais en vain ! Cependant, il ne se découragea pas, mais se rassura en pensée : « Bah, je n'y suis pas habitué ! C'est un métier qui s'apprend comme tous les métiers. Quelqu'un doit m'aider la première fois. Je vais aller chez Forestier. Il commencera mon article pour moi dans dix minutes.

Lorsqu'il arriva dans la rue, Duroy décida qu'il était assez tôt pour se présenter chez son ami, aussi se promena-t-il un moment sous les arbres d'un des boulevards. Arrivé à la porte de Forestier, il trouva son ami en train de sortir.

« Vous qui êtes ici, à cette heure ! Puis-je faire quelque chose pour toi ?

Duroy balbutia confus : « Je ne peux pas écrire cet article sur l'Algérie que veut M. Walter. Ce n'est pas très étonnant, vu que je n'ai jamais rien écrit. Cela demande de la pratique. Je pourrais écrire très rapidement, j'en suis sûr, si je pouvais commencer. J'ai les idées, mais je ne peux pas les exprimer. Il s'arrêta et hésita.

Forestier sourit malicieusement : « Je comprends cela. »

Duroy a poursuivi : « Oui, n'importe qui est susceptible d'avoir ce problème au début ; et, eh bien, je suis venu vous demander de m'aider. En dix minutes, vous pouvez me remettre dans le droit chemin. Vous pouvez me donner une leçon de style ; sans toi, je ne peux rien faire.

L'autre sourit gaiement. Il tapota le bras de son compagnon et lui dit : « Va chez ma femme ; elle vous aidera mieux que moi. Je l'ai formée pour ce travail. Je n'ai pas le temps ce matin, sinon je le ferais volontiers.

Mais Duroy hésita : « À cette heure, je ne peux pas m'enquérir d'elle. »

« Oh, oui, vous pouvez ; Elle est ressuscitée. Vous la trouverez dans mon cabinet.

« J'irai, mais je vais lui dire que c'est toi qui m'as envoyé ! »

Forestier s'éloigna, et Duroy monta lentement l'escalier, se demandant ce qu'il devait dire et quel genre d'accueil il recevrait.

Le domestique qui ouvrit la porte dit : « Monsieur est sorti. »

Duroy répondit : « Demandez à Mme Forestier si elle veut me voir, et dites-lui que M. Forestier, que j'ai rencontré dans la rue, m'a envoyé. »

Le laquais revint bientôt et introduisit Duroy en présence de Madame. Elle était assise à une table et lui tendit la main.

« Si tôt ? dit-elle. Ce n'était pas un reproche, mais une simple question.

Il balbutiait : « Je n'ai pas voulu monter, madame, mais votre mari, que j'ai rencontré en bas, a insisté, j'ose à peine vous dire ma commission—j'ai travaillé tard hier soir et de bonne heure ce matin pour écrire l'article sur l'Algérie que M. Walter veut—et je n'ai pas réussi—j'ai anéanti toutes mes tentatives—je ne suis pas habituée à ce travail—et je suis venue demander à Forestier de m'aider—la sienne une fois. »

Elle l'interrompit en riant : « Et il vous a envoyé vers moi ? »

— Oui, madame. Il m'a dit que vous pouviez m'aider mieux que lui, mais... je n'ai pas osé... je n'ai pas aimé le faire.

Elle se leva.

« Ce sera un plaisir de travailler ensemble de cette façon. Je suis charmé par votre idée. Attendez, prenez ma chaise, car ils connaissent mon écriture sur le papier – nous écrirons un article réussi.

Elle prit une cigarette sur la cheminée et l'alluma. « Je ne peux pas travailler sans fumer, dit-elle ; « Qu'est-ce que tu vas dire ? »

Il la regarda avec étonnement. — Je ne sais pas ; Je suis venu ici pour le découvrir.

Elle a répondu : « Je vais bien m'en sortir. Je vais faire la sauce mais je dois avoir le plat. Elle l'interrogea en détail et finit par dire :

« Maintenant, nous allons commencer. Tout d'abord, nous supposerons que vous vous adressez à un ami, ce qui nous permettra de faire des remarques de toutes sortes. Commencez ainsi : « Mon cher Henry, vous voulez savoir quelque chose sur l'Algérie ; vous le ferez.

S'ensuivirent une description brillamment formulée de l'Algérie et du port d'Alger, une excursion dans la province d'Oran, une visite à Saïda et une aventure avec une jolie servante espagnole employée dans une manufacture.

Quand l'article fut terminé, il ne trouva pas de mots de remerciement ; Il était heureux d'être près d'elle, reconnaissant et ravi de leur intimité grandissante. Il lui semblait que tout en lui faisait partie d'elle, jusqu'aux livres sur les étagères. Les chaises, les meubles, l'air, tout était imprégné de ce parfum délicieux qui lui était particulier.

Elle demanda sans ménagement : « Que pensez-vous de mon amie Mme de Marelle ? »

« Je la trouve très fascinante, dit-il ; et il aurait voulu ajouter : « Mais pas autant que vous. » Il n'avait pas le courage de le faire.

Elle a poursuivi : "Si seulement vous saviez à quel point elle est comique, originale et intelligente ! C'est une vraie bohème. C'est pour cette raison que son mari ne l'aime plus. Il ne voit que ses défauts et aucune de ses bonnes qualités.

Duroy fut surpris d'apprendre que Mme de Marelle était mariée.

« Comment, demanda-t-il, est-elle mariée ? Que fait son mari ?

Mme Forestier haussa les épaules. — Oh, il est surintendant d'un chemin de fer. Il est à Paris une semaine par mois. Sa femme l'appelle « Semaine Sainte » ou « La semaine du devoir ». Quand vous la connaîtrez mieux, vous verrez à quel point elle a de l'esprit ! Venez ici et voyez-la un jour.

Tandis qu'elle parlait, la porte s'ouvrit sans bruit, et un monsieur entra à l'improviste. Il s'arrêta en voyant un homme. Pendant un moment, Mme Forestier parut confuse ; Puis elle dit d'une voix naturelle, bien que ses joues fussent teintées d'une rougeur :

« Entrez, mon cher monsieur ; permettez-moi de vous présenter un ancien camarade de Charles, M. Georges Duroy, futur journaliste. Puis, sur un ton différent, elle dit : « Notre meilleur et notre plus cher ami, le comte de Vaudrec. »

Les deux hommes s'inclinèrent, se regardèrent dans les yeux, puis Duroy prit congé. Ni l'un ni l'autre n'ont essayé de le détenir.

En arrivant dans la rue, il se sentit triste et mal à l'aise. Le visage du comte de Vaudrec était constamment devant lui. Il lui sembla que cet homme était mécontent de le trouver en tête-à-tête avec Mme Forestier, mais pourquoi il le serait, il ne pouvait le deviner.

Pour tenir le temps jusqu'à trois heures, il déjeuna chez Duval, puis se prélassa le long du boulevard. Lorsque l'horloge sonna l'heure de son rendez-vous, il monta l'escalier qui conduisait au bureau de la Vie Française.

Duroy demanda : « Est-ce que M. Walter est là ? »

« M. Walter est fiancé », fut la réponse. « Voulez-vous s'il vous plaît vous asseoir ? »

Duroy attendit vingt minutes, puis il se tourna vers le commis et lui dit : « M. Walter avait rendez-vous avec moi à trois heures. En tout cas, voyez si mon ami M. Forestier est ici.

On le conduisit le long d'un couloir et on le conduisit dans une grande pièce où quatre hommes écrivaient à une table. Forestier était debout devant la cheminée, fumant une cigarette. Après avoir écouté l'histoire de Duroy, il a dit :

« Venez avec moi ; Je vous conduirai chez M. Walter, ou bien vous resterez ici jusqu'à sept heures.

Ils entrèrent dans la chambre du directeur. Norbert de Varenne écrivait un article, assis dans un fauteuil ; Jacques Rival, étendu sur un divan, fumait un cigare. La pièce avait l'odeur particulière familière à tous les journalistes. Quand ils s'approchèrent de M. Walter, Forestier lui dit : « Voici mon ami Duroy. »

Le directeur regarda vivement le jeune homme et lui demanda :

« Avez-vous apporté mon article ? »

Duroy tira de sa poche les feuilles de manuscrit.

— Les voici, monsieur.

Le gérant semblait ravi et a dit avec un sourire : « Très bien. Vous êtes un homme de parole. Faut-il que j'y jette un coup d'œil, Forestier ?

Mais Forestier s'empressa de répondre : « Ce n'est pas nécessaire, monsieur Walter ; Je l'ai aidé afin de l'initier au métier. C'est très bien. Puis, se penchant vers lui, il lui murmura : « Vous savez que vous avez promis d'engager Duroy pour remplacer Marambot. Voulez-vous me permettre de le retenir dans les mêmes conditions ?

« Certainement. »

Prenant le bras de son ami, le journaliste l'entraîna, tandis que M. Walter revenait à la partie d'écarte à laquelle il s'était livré lorsqu'ils étaient entrés. Forestier et Duroy retournèrent dans la chambre où Georges avait trouvé son ami. Ce dernier dit à son nouveau reporter :

« Il faut que tu viennes ici tous les jours à trois heures, et je te dirai où aller. Tout d'abord, je vous remettrai une lettre d'introduction au chef de la police, qui vous présentera à son tour à l'un de ses employés. Vous pouvez vous arranger avec lui pour toutes les nouvelles importantes, officielles et semi-officielles. Pour plus de détails, vous pouvez vous adresser à Saint-Potin, qui est en poste ; Vous le verrez demain. Il faut surtout apprendre à se frayer un chemin partout malgré les portes fermées. Vous recevrez deux cents francs par mois, deux sous la ligne pour les originaux, et deux sous la ligne pour les articles qu'on vous ordonne d'écrire sur différents sujets.

— Que ferai-je aujourd'hui ? demanda Duroy.

« Je n'ai pas de travail pour vous aujourd'hui ; Tu peux y aller si tu veux.

— Et notre... notre article ?

« Oh, ne vous inquiétez pas ; Je vais corriger les preuves. Faites le reste demain et venez ici à trois heures comme vous l'avez fait aujourd'hui.

Et, après s'être serré la main, Duroy descendit l'escalier le cœur léger.

CHAPITRE IV.

DUROY APPREND QUELQUE CHOSE

Georges Duroy ne dormait pas bien, tant il était impatient de voir son article imprimé. Il se leva à l'aube et fut dans la rue bien avant les marchands de journaux. Lorsqu'il s'est procuré un journal et qu'il a vu son nom à la fin d'une colonne en grosses lettres, il est devenu très enthousiaste. Il se sentait enclin à jouer le rôle d'un marchand de journaux et à crier à la foule pressée : « Achetez ceci ! Il contient un article de moi ! Il se promena jusqu'à un café et s'assit pour lire l'article en entier ; Cela fait, il décida de se rendre au bureau des chemins de fer, de toucher son salaire et de remettre sa démission.

Avec beaucoup d'ardeur, il informa le commis en chef qu'il faisait partie de l'état-major de la Vie française, et par ce moyen il se vengea de beaucoup d'injures mesquines qui lui avaient été faites. Il fit alors écrire sous son nom quelques cartes avec sa nouvelle vocation, fit plusieurs achats et se rendit au bureau de la Vie Française. Forestier le reçut avec orgueil comme on l'aurait fait pour un inférieur.

« Ah, vous voilà ! Très bien; J'ai plusieurs choses à vous faire. Attends juste dix minutes jusqu'à ce que j'aie fini ce travail. Il a continué à écrire.

À l'autre bout de la table était assis un homme petit, pâle, très gros et chauve. Forestier lui demanda, quand sa lettre fut terminée : « Saint-Potin, à quelle heure allez-vous interviewer ces gens-là ? »

— À quatre heures.

« Prenez avec vous Duroy, qui est ici, et initiez-le à l'entreprise. »

« Très bien. »

Puis, se tournant vers son ami, Forestier ajouta : « Avez-vous apporté l'autre journal sur l'Algérie ? L'article de ce matin a eu beaucoup de succès.

Duroy balbutia : « Non, j'ai cru que j'aurais le temps cet après-midi. J'avais tant à faire, je ne pouvais pas.

L'autre haussa les épaules. « Si vous ne faites pas plus attention, vous gâcherez votre avenir. M. Walter comptait sur votre copie. Je lui dirai qu'il sera prêt demain. Si vous pensez que vous serez payé pour ne rien faire, vous vous trompez. Après une pause, il ajouta : « Vous devriez battre le fer tant qu'il est chaud. »

Saint-Potin se leva : « Je suis prêt, dit-il.

Forestier se retourna sur sa chaise et dit à Duroy : — Écoutez. Le général chinois Li-Theng-Fao, s'arrêtant au Continental, et le Rajah Taposahib Ramaderao Pali, s'arrêtant à l'Hôtel Bishop, sont à Paris depuis deux jours. Vous devez les interviewer. S'adressant à Saint-Potin, il lui dit : « N'oubliez pas les principaux points que je vous ai indiqués. Demandez au général et au rajah leurs opinions sur les relations de l'Angleterre à l'extrême Orient, leurs idées sur leur système de colonisation et de gouvernement, leurs espoirs relatifs à l'intervention de l'Europe et de la France en particulier. À Duroy, il dit : « Observez ce que dit Saint-Potin ; C'est un excellent reporter, et il essaie d'apprendre à dessiner un homme en cinq minutes. Puis il reprit son travail.

Les deux hommes descendirent ensemble le boulevard, tandis que Saint-Potin donnait à Duroy un croquis de tous les fonctionnaires liés au journal, sans ménager ses critiques. Quand il parla de Forestier, il dit : « Quant à lui, il a eu la chance d'épouser sa femme. »

Duroy a demandé : « Et sa femme ? »

Saint-Potin se frotta les mains. — Oh, elle est aimée d'un vieil homme nommé Vaudrec, il l'adore.

Duroy eut envie de boucher les oreilles de Saint-Potin. Pour changer de sujet, il dit : « Il me semble qu'il est tard, et nous avons deux nobles seigneurs à qui faire appel ! »

Saint-Potin se mit à rire : « Vous êtes bien innocent ! Pensez-vous que je vais interviewer ce Chinois et cet Indien ? Comme si je ne savais pas mieux qu'eux ce qu'ils doivent penser pour faire plaisir aux lecteurs de La Vie Française ! J'ai interviewé cinq cents Chinois, Prussiens, Hindous, Chiliens et Japonais. Ils disent tous la même chose. Je n'ai qu'à copier mot à mot mon article sur le dernier venu, en changeant le titre, les noms, les titres et les âges : en cela il ne faut pas qu'il y ait erreur, ou je serai traîné sur les charbons par le Figaro ou les Gaulois. Mais à ce sujet, le portier des hôtels me postera dans cinq minutes. Nous fumerons nos cigares et nous nous promènerons dans cette direction. Total : cent sous pour le fiacre. C'est le chemin, mon cher.

Arrivé à la Madeleine, Saint-Potin dit à son compagnon : « Si tu as quelque chose à faire, je n'ai pas besoin de toi. »

Duroy lui serra la main et s'éloigna. La pensée de l'article qu'il devait écrire ce soir-là le hantait. Mentalement, il rassembla le matériel en se dirigeant vers le café où il dînait. Puis il rentra chez lui et s'assit à sa table pour travailler. Devant ses yeux se trouvait la feuille de papier vierge, mais tout le matériel qu'il avait amassé lui avait échappé. Après avoir essayé pendant une heure, et après avoir rempli cinq pages de phrases qui n'avaient aucun rapport les unes avec les autres, il a dit : « Je ne suis pas encore familier avec l'œuvre. Il faut que je prenne une autre leçon.

Le lendemain matin, à dix heures, il sonna chez son ami. Le domestique qui ouvrit la porte dit : « Monsieur est occupé. »

Duroy ne s'attendait pas à trouver Forestier chez lui. Cependant il dit : « Dites-lui que c'est M. Duroy pour une affaire importante. »

Au bout de cinq minutes, il fut introduit dans la chambre où il avait passé une matinée si heureuse. À la place qu'avait occupée Mme Forestier, son mari était assis en train d'écrire, tandis que Mme Forestier se tenait près de la cheminée et lui dictait, une cigarette entre les lèvres.

Duroy s'arrêta sur le seuil et murmura : « Je vous demande pardon, je vous interromps. »

Son ami grogna avec colère : « Que veux-tu encore ? Hâtez-vous; Nous sommes occupés.

Georges balbutia : « Ce n'est rien. »

Mais Forestier persiste : « Allons, on perd du temps ; Vous n'êtes pas entré de force dans la maison pour le plaisir de nous dire bonjour.

Duroy, confus, répondit : — Non, c'est ceci : je ne puis achever mon article, et vous avez été... tellement... si aimable la dernière fois que j'espérais... que j'aie osé venir...

Forestier l'interrompit en lui disant : « Alors vous pensez que je vais faire votre travail et que vous n'avez qu'à prendre l'argent. Eh bien, c'est très bien ! Sa femme fumait sans intervenir.

Duroy hésita : « Excusez-moi. Je croyais, je pensais... Puis, d'une voix claire, il dit : — Je vous demande mille pardons, madame, et je vous remercie beaucoup de l'article charmant que vous m'avez écrit hier. Puis il s'inclina et dit à Charles : « Je serai au bureau à trois heures. »

Il rentra chez lui en se disant : « Très bien, je vais l'écrire seul et ils verront. » À peine était-il entré qu'il se mit à écrire, la colère le poussant. En une heure, il avait terminé un article qui était un chaos de choses absurdes, et l'avait emporté hardiment au bureau. Duroy remit son manuscrit à Forestier. « Ici, c'est le reste de l'Algérie. »

"Très bien, je vais le remettre au directeur. Cela suffira.

Quand Duroy et Saint-Potin, qui avaient des renseignements politiques à consulter, furent dans le hall, ce dernier demanda : « Êtes-vous allé à la caisse ? »

« Non, pourquoi ? »

« Pourquoi ? Pour obtenir votre paie ? Vous devriez toujours recevoir votre salaire un mois à l'avance. On ne peut pas dire ce qui pourrait arriver. Je vais vous présenter à la caissière.

Duroy rassembla ses deux cents francs et vingt-huit francs pour son article de la veille, qui, outre ce qui lui restait de son salaire du bureau des chemins de fer, lui laissait trois cent quarante francs. Il n'avait jamais eu autant, et il s'estimait riche pour un temps indéfini. Saint-Potin l'emmena dans les bureaux de quatre ou cinq journaux rivaux, espérant que les nouvelles qu'il avait été chargé d'obtenir avaient déjà été reçues par eux et qu'il pourrait les obtenir par le moyen de sa diplomatie.

Le soir venu, Duroy, qui n'avait plus rien à faire, se tourna vers les Folies-Bergères, et, s'approchant du bureau, il lui dit : « Je m'appelle Georges Duroy. Je fais partie de l'équipe de La Vie Française. J'étais ici l'autre soir avec M. Forestier, qui m'a promis de m'obtenir un laissez-passer. Je ne sais pas s'il s'en souvenait.

Le registre a été consulté, mais son nom n'y a pas été inscrit. Cependant le caissier, homme fort affable, lui dit : « Entrez, monsieur Duroy, et parlez vous-même au directeur ; Il veillera à ce que tout aille bien.

Il entra et rencontra presque aussitôt Rachel, la femme qu'il avait déjà vue là-bas. Elle s'approcha de lui : « Bonsoir, mon cher ; Tu vas bien ?

— Très bien ; Comment allez-vous ?

« Je ne suis pas malade. J'ai rêvé de toi deux fois depuis l'autre nuit.

Duroy sourit. « Qu'est-ce que cela signifie ? »

« Cela signifie que je t'aime bien » ; elle leva les yeux sur le visage du jeune homme, lui prit le bras et, s'appuyant dessus, lui dit : « Buvons un verre de vin et ensuite promenons-nous. J'aimerais aller à l'opéra comme ça, avec vous, pour vous montrer.

À l'aube, il s'élança de nouveau pour obtenir une « Vie française ». Il ouvrit le journal fiévreusement ; Son article n'y était pas. En entrant dans le bureau quelques heures plus tard, il disait à M. Walter : « J'ai été bien surpris ce matin de ne pas voir mon second article sur l'Algérie. »

Le directeur leva la tête et dit brusquement : « Je l'ai donné à votre ami Forestier et je lui ai demandé de le lire ; il n'en était pas satisfait ; il faudra le refaire.

Sans un mot, Duroy sortit de la chambre, et, entrant dans le bureau de son ami, il demanda brusquement : « Pourquoi mon article n'a-t-il pas paru ce matin ? »

Le journaliste, qui fumait un cigare, dit calmement : « Le directeur ne l'a pas trouvé bon et m'a prié de vous le rendre pour qu'il le révise. C'est là. Duroy l'a révisé plusieurs fois, mais il a été rejeté. Il ne parla plus de ses « souvenirs », mais se consacra entièrement à la rapport. Il fit connaissance dans les coulisses des théâtres, des salles et des couloirs de la Chambre des députés ; il connaissait tous les ministres, les généraux, les agents de police, les princes, les ambassadeurs, les gens du monde, les Grecs, les cochers, les garçons de café, et bien d'autres. Bref, il devint bientôt un reporter remarquable, d'une grande valeur pour le journal, disait M. Walter. Mais comme il ne recevait que dix centimes par ligne en plus de son salaire fixe de deux cents francs et que ses dépenses étaient importantes, il n'avait jamais un sou. Quand il vit certains de ses associés les poches pleines d'argent, il se demanda quels moyens secrets ils employaient pour l'obtenir. Il résolut de pénétrer ce mystère, d'entrer dans l'association, de s'imposer à ses camarades et de les faire partager avec lui. Souvent, le soir, en regardant les trains passer devant sa fenêtre, il rêvait de la conduite qu'il pourrait adopter.

CHAPITRE V.
LA PREMIÈRE INTRIGUE

Deux mois se sont écoulés. C'était en septembre. La fortune que Duroy avait espéré faire si rapidement lui parut lente à venir. Par-dessus tout, il était mécontent de la médiocrité de sa position ; Il était apprécié, mais il était traité selon son rang. Forestier lui-même ne l'invitait plus à dîner et le traitait comme un inférieur. Bien des fois il avait songé à faire une visite à Mme Forestier, mais le souvenir de leur dernière rencontre le retenait. Mme de Marelle l'avait invité à venir en lui disant : « Je suis toujours à la maison vers trois heures. » Alors, un après-midi, alors qu'il n'avait rien à faire, il se dirigea vers sa maison. Elle habite rue Verneuil, au quatrième étage. Une servante répondit à son appel et lui dit : « Oui, Madame est chez elle, mais je ne sais si elle est levée. » Elle conduisit Duroy dans le salon, qui était vaste, mal meublé et un peu en désordre. Les chaises délabrées et élimées étaient rangées le long des murs selon l'imagination de la servante, car il n'y avait pas la moindre trace visible des soins d'une femme qui aime sa maison. Duroy s'assit et attendit quelque temps. Puis une porte s'ouvrit et Mme de Marelle entra précipitamment, vêtue d'une robe de chambre japonaise. Elle s'écria :

« Comme vous êtes gentil de venir me voir. J'étais sûr que tu m'avais oublié. Elle lui tendit la main avec un geste de joie ; et Duroy, tout à fait à son aise dans ce misérable appartement, le baisa comme il avait vu faire Norbert de Varenne.

L'examinant de la tête aux pieds, elle s'écria : « Comme tu as changé ! Puits; Dites-moi les nouvelles.

Ils se mirent à causer tout de suite comme s'ils eussent été de vieilles connaissances, et en cinq minutes une intimité, une compréhension mutuelle s'établit entre ces deux êtres de caractère et de bonté. Soudain, la jeune femme dit avec surprise : « C'est étonnant ce que je ressens avec vous. Il me semble que je vous connais depuis dix ans. Nous deviendrons sans aucun doute de bons amis ; Cela vous plairait-il ?

Il a répondu : « Certainement », avec un sourire plus expressif que des mots. Il la trouvait très envoûtante dans sa jolie robe. Près de Mme Forestier, dont le sourire impassible et gracieux attirait mais se tenait à distance, et semblait lui dire : « Je vous aime, mais prenez garde », il éprouva le désir de se jeter à ses pieds ou de baiser le bord de son vêtement. Placé près de Mme de Marelle, il éprouva un désir plus passionné.

On frappa doucement à la porte par laquelle était entrée Mme de Marelle, et elle s'écria : « Tu peux entrer, ma chérie. »

L'enfant entra, s'avança vers Duroy et lui tendit la main. La mère étonnée murmura : « C'est une conquête. » Le jeune homme, après avoir embrassé l'enfant, la fit asseoir à côté de lui, et, d'un air sérieux, lui demanda ce qu'elle avait fait depuis leur dernière rencontre. Elle répondit d'une voix de flûte et à la manière d'une femme. L'horloge sonna trois heures ; Le journaliste se leva.

« Venez souvent, dit Mme de Marelle ; « Ce fut une causerie agréable. Je serai toujours heureux de vous accueillir. Pourquoi ne vous rencontre-t-on jamais aux Forestiers ?

« Sans raison particulière. Je suis très occupé. J'espère cependant que nous nous y retrouverons un de ces jours.

Au bout de quelques jours, il rendit une autre visite à l'enchanteresse. La femme de chambre le fit entrer dans le salon, et Laurine entra bientôt ; elle ne lui tendit pas la main, mais le front, et lui dit : « Maman veut que je vous demande de l'attendre quinze minutes, car elle n'est pas habillée. Je vous tiendrai compagnie.

Duroy, qui s'amusait de la cérémonie de l'enfant, répondit : « En vérité, mademoiselle, je serai enchanté de passer un quart d'heure avec vous. » Quand la mère entra, ils étaient au milieu d'une partie passionnante, et Mme de Marelle s'arrêta stupéfaite en pleurant : « Laurine qui joue ? Vous êtes un sorcier, monsieur ! Il posa sur le sol l'enfant qu'il avait pris dans ses bras, baisa la main de la dame, et ils s'assirent, l'enfant entre eux. Elles essayèrent de converser, mais Laurine, d'ordinaire si silencieuse, monopolisa la conversation, et sa mère fut obligée de l'envoyer dans sa chambre.

Quand ils furent seuls, Mme de Marelle baissa la voix et dit : « J'ai un grand projet. La voici : comme je dîne chaque semaine chez les Forester, je le rends de temps en temps en les invitant à un restaurant. Je n'aime pas avoir de la compagnie à la maison ; Je ne suis pas dans une situation telle que je puisse en avoir. Je ne connais rien au ménage ou à la cuisine. Je préfère une vie sans soucis ; c'est pourquoi je les invite de temps en temps au café ; Mais ce n'est pas vivant quand on n'est que trois. Je vous dis cela pour expliquer une telle réunion informelle. Je voudrais que vous soyez présent à nos samedis au Café Riche à sept heures et demie. Connaissez-vous la maison ?

Duroy accepta avec joie. Il la quitta dans un transport de joie et attendit avec impatience le jour du dîner. Il arriva le premier à l'endroit convenu et on le conduisit dans une petite pièce particulière, où l'on mettait la table pour quatre personnes ; Cette table avait l'air très accueillante avec ses verres colorés, son argent et ses candélabres.

Duroy s'assit sur un banc bas. Forestier entra et lui serra la main avec une cordialité qu'il n'eut jamais montrée au bureau.

« Les deux dames vont se réunir, dit-il. « Ces dîners sont vraiment délicieux. »

Très vite, la porte s'ouvrit et mesdames Forestier et De Marelle parurent, lourdement voilées, entourées du mystère charmant nécessaire à un rendez-vous dans un lieu si public. En saluant le premier, Duroy lui reprocha de ne pas être allé la voir ; puis elle ajouta en souriant : « Ah ! vous préférez Mme de Marelle ; le temps passe plus agréablement avec elle.

Quand le garçon de chambre remit la carte des vins à Forestier, Mme de Marelle s'écria : « Apportez aux messieurs ce qu'ils veulent ; Quant à nous, nous ne voulons que du champagne.

Forestier, qui n'avait pas l'air de l'entendre, lui demanda : « Voulez-vous que je ferme la fenêtre ? Ma toux me gêne depuis plusieurs jours.

« Pas du tout. »

Sa femme n'a pas parlé. Les différents plats ont été dûment servis, puis les invités ont commencé à bavarder. Ils discutèrent d'un scandale qui circulait au sujet d'une belle de la société. Forestier s'en amusa beaucoup. Duroy dit en souriant : « Combien s'abandonneraient à un caprice, à un rêve d'amour, s'ils ne craignaient pas de payer par des larmes et un scandale irrémédiable un bonheur bref ? »

Les deux femmes lui jetèrent un coup d'œil approbateur. Forestier s'écria avec un rire sceptique : « Les pauvres maris ! » Puis ils parlèrent d'amour. Duroy a dit : « Quand j'aime une femme, tout le reste du monde est oublié. »

Mme Forestier murmure : « Il n'y a pas de bonheur comparable à cette première poignée de main, quand l'un demande : « M'aimez-vous ? » et que l'autre répond : « Oui, je vous aime. » Mme de Marelle s'écria gaiement en buvant une coupe de champagne : « Je suis moins platonique. »

Forestier, étendu sur le divan, dit d'un ton grave : « Cette franchise vous fait honneur et prouve que vous êtes une femme pratique. Mais pourrait-on demander quelle est l'opinion de M. de Marelle ?

Elle haussa les épaules avec dédain et dit : « M. de Marelle n'a pas d'opinion sur ce sujet. »

La conversation s'est ralentie. Mme de Marelle semblait provocer par ses paroles, tandis que la charmante réserve de Mme Forestier, la modestie dans sa voix, dans son sourire, tout semblait atténuer les hardies qui sortaient de ses lèvres. Le dessert est venu puis a suivi le café. L'hôtesse et ses invités allumèrent des cigarettes, mais Forestier se mit soudain à tousser. Quand l'attaque fut terminée, il grogna avec colère : « Ces fêtes ne sont pas bonnes pour moi ; Ils sont stupides. Rentrons à la maison.

Mme de Marelle appela le garçon et lui demanda son addition. Elle essaya de le lire, mais les figures dansaient devant ses yeux ; elle tendit le papier à Duroy.

« Tenez, payez-le pour moi ; Je ne peux pas voir. En même temps, elle mit son sac à main dans sa main.

Le total était de cent trente francs. Duroy jeta un coup d'œil sur l'addition et, quand elle fut réglée, il murmura : « Combien dois-je donner au garçon ? »

« Tout ce que vous voulez ; Je ne sais pas.

Il posa cinq francs sur l'assiette et tendit la bourse à son propriétaire en disant : « Dois-je te raccompagner chez toi ? »

— Certainement. Je n'arrive pas à trouver la maison.

Ils serrèrent la main des forestiers et bientôt ils roulèrent dans un fiacre côte à côte. Duroy ne trouvait rien à dire ; Il se sentit poussé à la serrer dans ses bras. « Si j'osais, que ferait-elle ? » pensa-t-il. Le souvenir de leur conversation au dîner l'enhardit, mais la crainte du scandale le retint. Mme de Marelle s'étendit silencieusement dans son coin. Il l'aurait crue endormie, s'il n'avait vu ses yeux briller chaque fois qu'un rayon de lumière pénétrait dans les recoins sombres de la voiture. À quoi pensait-elle ? Soudain, elle bougea le pied, nerveusement, impatiente.

Ce mouvement le fit trembler, et, se retournant vivement, il se jeta sur elle, cherchant ses lèvres avec les siennes. Elle poussa un cri, essaya de le repousser, puis céda à ses caresses comme si elle n'avait pas la force de résister.

La voiture s'arrêta à sa porte, mais elle ne se leva pas ; Elle ne bougea pas, abasourdie par ce qui venait de se passer. Craignant que le cocher ne se méfiât de quelque chose, Duroy descendit le premier du fiacre et tendit la main à la jeune femme. Finalement, elle sortit, mais en silence. Georges sonna, et, quand la porte s'ouvrit, il demanda timidement : « Quand vous reverrai-je ? »

Elle murmura si bas qu'il l'entendit à peine : « Venez déjeuner avec moi demain. » Sur ces mots, elle disparut.

Duroy donna au cocher une pièce de cinq francs, et s'en alla d'un air triomphant et joyeux. Il avait enfin conquis une femme mariée ! Une femme du monde ! Une Parisienne ! Comme cela avait été facile !

Il était un peu nerveux le lendemain en montant l'escalier de Mme de Marelle. Comment le recevrait-elle ? Supposons qu'elle lui interdise d'entrer dans sa maison ? Si elle l'avait dit... mais non, elle ne pouvait rien dire sans dire toute la vérité ! Il était maître de la situation !

La petite servante ouvrit la porte. Elle était aussi agréable que d'habitude. Duroy se sentit rassuré et demanda : « Madame va-t-elle bien ? »

– Oui, monsieur ; aussi bien qu'elle l'est toujours, » fut la réponse, et il fut introduit dans le salon. Il se dirigea vers la cheminée pour voir quelle sorte d'apparence il présentait : il était en train de réajuster sa cravate quand il vit dans le miroir la jeune femme debout sur le seuil qui le regardait. Il fit semblant de ne pas l'avoir vue, et pendant quelques instants ils se regardèrent dans le miroir. Puis il se retourna. Elle n'avait pas bougé ; Elle semblait attendre. Il s'élança vers elle en criant : «

Comme je t'aime ! » Il la serra contre sa poitrine. Il s'est dit : « C'est plus facile que je ne le pensais. Tout va bien. Il la regarda en souriant, sans dire un mot, essayant de mettre dans son regard une richesse d'amour. Elle aussi sourit et murmura : « Nous sommes seuls. J'ai envoyé Laurine déjeuner avec une amie.

Il soupira, et, lui baisant les poignets, lui dit : « Merci ; Je t'adore. Elle lui prit le bras comme s'il eût été son mari, et le conduisit à un lit sur lequel ils s'assirent côte à côte. Duroy balbutia, d'une manière incohérente : « Vous ne m'aimez pas. »

Elle posa sa main sur ses lèvres. « Taisez-vous ! »

« Comme je vous aime ! » dit-il.

Elle répéta : « Taisez-vous ! »

On entendait le domestique dresser la table dans la salle à manger. Il se leva : « Je ne peux pas m'asseoir si près de vous. Je vais perdre la tête.

La porte s'ouvrit : « Madame est servie ! »

Il lui offrit gravement son bras. Ils déjeunèrent sans savoir ce qu'ils mangeaient. Le domestique allait et venait sans avoir l'air de rien remarquer. Quand le repas fut terminé, ils retournèrent au salon et reprirent leurs places sur le canapé côte à côte. Peu à peu, il s'approcha d'elle et essaya de l'embrasser.

« Attention, quelqu'un pourrait entrer. »

Il murmura : « Quand est-ce que je te verrai seul pour te dire combien je t'aime ? »

Elle se pencha vers lui et lui dit doucement : « Je te rendrai visite un de ces jours. »

Il a colorié. « Mes chambres sont... sont... sont... très modestes. »

Elle a souri : « Cela ne fait aucune différence. Je viendrai vous voir et non pas vos appartements.

Il l'a pressée de lui dire quand elle viendrait. Elle fixa un jour dans la semaine suivante, tandis qu'il la suppliait avec des yeux brillants de hâter la journée. Elle s'amusait de le voir implorer avec tant d'ardeur et cédait un jour à la fois. Il répéta : « Demain, dis-moi... demain. » Finalement, elle a consenti. — Oui, demain à cinq heures.

Il prit une profonde inspiration ; Puis ils causaient ensemble aussi calmement que s'ils se connaissaient depuis vingt ans. Une sonnerie les fit tressaillir ; Ils se sont séparés. Elle murmura : « C'est Laurine. »

L'enfant entra, s'arrêta surprise, puis courut vers Duroy en battant des mains, ravi de le voir et en criant : « Ah ! Bel-Ami ! »

Mme de Marelle éclata de rire. « Bel-Ami ! Laurine vous a baptisé. C'est un joli nom. Je t'appellerai aussi Bel-Ami !

Il prit l'enfant sur ses genoux. À trois heures vingt, il se leva pour aller au bureau ; À la porte entrouverte, il murmura : « Demain, cinq heures. » La jeune femme a répondu : « Oui » avec un sourire et a disparu.

Après avoir terminé son travail de journaliste, il essaya de rendre ses appartements plus aptes à recevoir le visiteur qu'il attendait. Il fut très satisfait du résultat de ses efforts et se retira, bercé par le sifflement des trains. Tôt le lendemain matin, il acheta un gâteau et une bouteille de Madère. Il étendit la collation sur sa table de toilette, qui était recouverte d'une serviette. Puis il attendit. Elle arriva à cinq heures et quart et s'écria en entrant : « Mais c'est beau ici. Mais il y avait beaucoup de monde dans les escaliers.

Il la prit dans ses bras et lui baisa les cheveux. Une heure et demie plus tard, il l'escorta jusqu'à un arrêt de fiacres de la rue de Rome. Quand elle fut assise dans le fiacre, il murmura : « Mardi, à la même heure. »

Elle répéta ses paroles, et, comme il faisait nuit, elle l'embrassa. Puis, comme le cocher remontait son cheval, elle s'écria : « Adieu, Bel-Ami ! » et le vieux coupé s'éloigna en grondant.

Pendant trois semaines, Duroy reçut Mme de Marelle tous les deux ou trois jours, tantôt le matin, tantôt le soir.

Un après-midi, comme il l'attendait dans l'escalier, un bruit l'attira vers sa porte. Un enfant a crié. La voix furieuse d'un homme cria : « De quoi hurle ce gosse ? »

Une voix féminine répondit : « Nicolas a été fait trébucher sur le palier par la chérie du journaliste. »

Duroy recula, car il entendit le bruissement des jupes. Bientôt on frappa à sa porte, qu'il ouvrit, et Mme de Marelle entra en s'élançant en criant : « Avez-vous entendu ? » Georges feignit d'ignorer l'affaire.

— Non ; Quoi ?

« Comment ils m'ont insulté ? »

« Qui ? »

« Ces misérables gens d'en bas. »

— Mais non ; Qu'est-ce que c'est? Dites-le-moi.

Elle sanglotait et ne pouvait pas parler. Il fut forcé de la placer sur son lit et de lui étendre un linge humide sur les tempes. Quand elle se calma, la colère succéda à son agitation. Elle voulait que Duroy descende tout de suite, qu'il les combatte, qu'il les tue.

Il a répondu : « Ce sont des ouvriers. Pensez-y, il serait nécessaire d'aller au tribunal où vous seriez reconnu ; Il ne faut pas se compromettre avec de telles personnes.

Elle a dit : « Que devons-nous faire ? Je ne peux pas revenir ici.

Il a répondu : « C'est très simple. Je vais bouger.

Elle murmura : « Oui, mais cela prendra un certain temps. »

Tout à coup, elle dit : « Écoutez-moi, j'ai trouvé un moyen ; Ne vous inquiétez pas. Je t'enverrai un « petit bleu » demain matin. Elle a qualifié un télégramme de « petit bleu ».

Elle souriait de joie à ses plans, qu'elle ne voulait pas révéler. Elle fut cependant très touchée en descendant l'escalier et en s'appuyant de toutes ses forces sur le bras de son amant. Ils n'ont rencontré personne.

Il était encore au lit le lendemain matin quand le télégramme promis lui fut remis. Duroy l'ouvrit et lut :

« Venez à cinq heures rue de Constantinople, n° 127. Demandez la chambre louée par Mme Duroy. CLO.

À cinq heures précises, il entra dans une grande maison meublée et demanda au concierge : « Mme Duroy a-t-elle loué une chambre ici ? »

– Oui, monsieur.

« Voulez-vous me le montrer, s'il vous plaît ? »

L'homme, habitué sans doute aux situations où il fallait être prudent, le regarda droit dans les yeux ; puis, prenant une clef, il demanda : « Êtes-vous M. Duroy ? »

« Certainement. »

Il ouvre une petite suite, composée de deux pièces au rez-de-chaussée.

Duroy pensa avec inquiétude : « Cela va coûter une fortune. Je vais devoir m'endetter. Elle a fait une chose bien stupide.

La porte s'ouvrit et Clotilde s'élança à l'intérieur. Elle était enchantée. « Ça ne va pas ? Il n'y a pas d'escaliers à monter ; C'est au rez-de-chaussée ! On pouvait aller et venir par la fenêtre sans que le portier n'en voie un.

Il l'embrassa nerveusement, n'osant pas poser la question qui planait sur ses lèvres. Elle avait placé un gros paquet sur le support au centre de la pièce. Elle en sortit une pastille de savon, une bouteille d'extrait de Lubin, une éponge, une boîte d'épingles à cheveux, une patère et une pince à friser. Puis elle s'amusait à trouver des endroits où les mettre.

Elle ne cessait de parler en ouvrant les tiroirs : « Il faut que j'apporte du linge pour avoir de la monnaie. Nous aurons chacun une clef, outre celle de la loge, au cas où nous oublierions la nôtre. J'ai loué les appartements pour trois mois, en votre nom, bien sûr, car je ne pouvais pas donner le mien.

Puis il demanda : « Voulez-vous me dire quand payer ? »

Elle a répondu simplement : « C'est payé, ma chère. »

Il a fait semblant d'être en colère : « Je ne peux pas permettre cela. »

Elle posa sa main sur son épaule et lui dit d'un ton suppliant : « Georges, cela me fera plaisir d'avoir le nid à moi. Dites que vous vous moquez, cher Georges, » et il céda. Quand elle l'eut quitté, il murmura : « Elle a bon cœur, quand même. »

Quelques jours plus tard, il reçut un télégramme qui disait :

« Mon mari rentre à la maison ce soir. Nous ne nous reverrons donc pas avant une semaine. Quel ennui, ma chère !

« TON CLO . »

Duroy fut surpris ; il ne s'était pas rendu compte que Mme de Marelle était mariée. Il attendait avec impatience le départ de son mari. Un matin, il reçut le télégramme suivant :

« Cinq heures. — CLO. »

Lorsqu'ils se rencontrèrent, elle se précipita dans ses bras, l'embrassa passionnément et lui demanda : « Au bout d'un moment, m'emmènerez-vous dîner ? »

— Certainement, ma chérie, où que tu veuilles aller.

« Je voudrais aller dans un restaurant fréquenté par les classes populaires. »

Ils se rendirent chez un marchand de vin où l'on servait également des repas. L'entrée de Clotilde fit sensation à cause de l'élégance de sa robe. Ils mangèrent un ragoût de mouton et quittèrent l'endroit pour entrer dans une salle de bal où elle se serra plus étroitement à ses côtés. Au bout d'un quart d'heure, sa curiosité fut satisfaite et il la ramena chez elle. S'ensuivit une série de visites dans toutes sortes de lieux de divertissement. Duroy commença bientôt à se lasser de ces expéditions, car il avait épuisé toutes ses ressources et tous les moyens d'obtenir de l'argent. En outre, il devait cent francs à Forestier, trois cents à Jacques Rival, et il était accablé d'innombrables petites dettes allant de vingt à cent sous.

Le 14 décembre, il se retrouva sans un sou dans sa poche. Comme il l'avait souvent fait auparavant, il ne déjeuna pas et passa l'après-midi à travailler au bureau. À quatre heures, il reçut un télégramme de Mme de Marelle qui lui disait : « Dînons-nous ensemble et ensuite nous nous ébattons ? »

Il répondit aussitôt : « Impossible de dîner », puis il ajouta : « Mais je vous attendrai chez nous à neuf heures. » Ayant envoyé un garçon avec le billet afin d'économiser l'argent pour un télégramme, il essaya de trouver un moyen d'obtenir son repas du soir. Il attendit que tous ses compagnons soient partis et, quand il fut seul, il sonna au portier, mit la main dans sa poche et dit : « Foucart, j'ai laissé ma bourse à la maison et je dois dîner au Luxembourg. Prêtez-moi cinquante sous pour payer mon fiacre.

L'homme lui tendit trois francs et lui demanda :

« Est-ce suffisant ? »

« Oui, merci. » Prenant les pièces, Duroy se précipita dans l'escalier et dîna dans une cuisine.

À neuf heures, Mme de Marelle, qu'il attendait dans le petit salon, arriva. Elle voulait se promener et il s'y est opposé. Son opposition l'irritait.

— J'irai donc seul. Adieu !"

Voyant que la situation devenait grave, il lui saisit les mains et les baisa en disant :

« Pardonnez-moi, ma chérie ; Je suis nerveux et mal en point ce soir. J'ai été ennuyé par des affaires d'affaires.

Un peu apaisée mais toujours vexée, elle répondit :

— Cela ne me regarde pas ; Je ne serai pas la cible de votre mauvaise humeur.

Il la serra dans ses bras et murmura ses excuses. Cependant elle persistait dans son désir de sortir.

« Je vous en supplie, restez ici près du feu avec moi. Dites oui.

« Non, répondit-elle, je ne céderai pas à vos caprices. »

Il insiste : « J'ai une raison, une raison sérieuse...

« Si tu ne veux pas m'accompagner, j'irai seul. Adieu !"

Elle se dégagea de son étreinte et s'enfuit vers la porte. Il la suivit :

« Écoute Clo, ma petite Clo, écoute-moi...

Elle secoua la tête, esquiva ses caresses et essaya d'échapper à ses bras qui l'entouraient.

« J'ai une raison...

Le regardant en face, elle lui dit : « Tu mens ! Qu'est-ce que c'est ?

Il rougit, et, pour éviter une rupture, avoue avec des accents de désespoir : « Je n'ai pas d'argent ! »

Elle ne le croirait pas tant qu'il n'aurait pas retourné toutes ses poches pour prouver ses paroles. Puis elle tomba sur sa poitrine : « Oh ! mon pauvre chéri ! Si j'avais su ! Comment cela s'est-il passé ?

Il inventa une histoire touchante à cet effet : que son père était dans une situation difficile, qu'il lui avait non seulement donné ses économies, mais qu'il s'était endetté.

« Je vais devoir mourir de faim pendant les six prochains mois. »

« Est-ce que je t'en prête ? » murmura-t-elle.

Il répondit avec dignité : « Vous êtes très aimable, ma chère ; Mais n'en parlez plus ; ça me blesse.

Elle murmura : « Tu ne sauras jamais à quel point je t'aime. » En prenant congé de lui, elle lui demanda : « Nous reverrons-nous après-demain ? »

« Certainement. »

« En même temps ? »

« Oui, ma chérie. »

Ils se séparèrent.

Quand Duroy ouvrit la porte de sa chambre et fouilla dans la poche de son gilet pour y trouver une allumette, il fut stupéfait d'y trouver une pièce de monnaie, une pièce de vingt francs ! Il se demanda d'abord par quel miracle il était arrivé là ; tout à coup il lui vint à l'esprit que Mme de Marelle lui avait fait l'aumône ! Fâché et humilié, il décida de le rendre lors de leur prochaine rencontre. Le lendemain matin, il était tard quand il se réveilla ; Il a essayé de surmonter sa faim. Il sortit et, en passant devant les restaurants, il put à peine résister à leurs tentations. À midi, il dit : « Bah, je déjeunerai sur les vingt francs de Clotilde ; Cela ne m'empêchera pas de rendre l'argent demain.

Il déjeuna, qu'il paya deux francs cinquante, et, en entrant dans le bureau de la Vie française, il remboursa au portier les trois francs qu'il lui avait empruntés. Il travailla jusqu'à sept heures, puis il dîna, et il continua à puiser dans les vingt francs jusqu'à ce qu'il ne lui reste plus que quatre francs vingt. Il se décida à dire à Mme de Marelle, à son arrivée :

J'ai trouvé la pièce de vingt francs que vous avez glissée dans ma poche. Je ne rendrai pas l'argent aujourd'hui, mais je vous rembourserai quand nous nous rencontrerons la prochaine fois.

Quand Madame vint, il n'osa pas aborder ce sujet délicat. Ils passèrent la soirée ensemble et fixèrent leur prochaine réunion au mercredi de la semaine suivante, car Mme de Marelle avait un certain nombre d'engagements. Duroy continua à accepter de l'argent de Clotilde et apaisa sa conscience en s'assurant : « Je le rendrai en bloc. De toute façon, ce n'est rien d'autre que de l'argent emprunté. Il tint donc compte de tout ce qu'il reçut afin de le rembourser un jour.

Un soir, Mme de Marelle lui dit : « Croiriez-vous que je n'ai jamais été aux Folies-Bergères ; Veux-tu m'y emmener ?

Il hésita, craignant une rencontre avec Rachel. Puis il pensa : « Bah, je ne suis pas marié après tout. Si elle me voyait, elle comprendrait la situation et ne m'aborderait pas. De plus, nous aurions une boîte.

Lorsqu'ils entrèrent dans la salle, il y avait beaucoup de monde ; C'est avec difficulté qu'ils se frayèrent un chemin jusqu'à leurs sièges. Mme de Marelle ne regarda pas la scène ; Elle s'intéressait à l'observation des femmes qui se promenaient, et elle éprouvait un désir irrésistible de les toucher, de voir de quoi ces êtres étaient faits. Tout à coup, elle dit :

« Il y a une grande brune qui nous regarde tout le temps. Je pense qu'à chaque minute, elle nous parlera. L'avez-vous vue ?

Il a répondu : « Non, vous vous trompez. »

Il dit une fausseté, car il avait remarqué la femme, qui n'était autre que Rachel, avec de la colère dans les yeux et des paroles violentes sur les lèvres.

Duroy l'avait dépassée quand il était entré avec Mme de Marelle et elle lui avait dit : « Bonsoir », à voix basse et avec un clin d'œil qui disait : « Je comprends ». Mais il n'avait pas répondu ; De peur d'être vu par sa bien-aimée, il passa près d'elle froidement, dédaigneusement. La femme, sa jalousie éveillée, suivit le couple et dit d'une voix plus forte : « Bonsoir, Georges. » Il ne lui prêta aucune attention. Puis elle fut déterminée à être reconnue et elle resta près de leur boîte, attendant un moment favorable. Quand elle vit qu'elle était observée par Mme de Marelle, elle toucha l'épaule de Duroy du bout du doigt et lui dit :

« Bonsoir. Comment allez-vous ?

Mais Georges ne tourna pas la tête.

Elle a poursuivi : « Êtes-vous devenu sourd depuis jeudi ? »

Il ne répondit toujours pas. Elle rit avec colère et pleura :

« Es-tu stupide aussi ? Peut-être Madame a-t-elle votre langue ?

D'un regard furieux, Duroy s'écria alors :

« Comment oses-tu m'accoster ? Allez-y ou je vous ferai arrêter.

Les yeux flamboyants, elle s'écria : « Ah ! Ce n'est pas parce que tu es avec quelqu'un d'autre que tu ne peux pas me reconnaître. Si vous m'aviez fait le moindre signe de reconnaissance en passant devant moi, je ne vous aurais pas molesté. Tu ne m'as même pas dit bonsoir quand tu m'as rencontré.

Pendant cette tirade, Mme de Marelle, effrayée, ouvrit la porte de la loge et s'enfuit à travers la foule, cherchant une issue. Duroy se précipita après elle. Rachel, le voyant disparaître, s'écria : « Arrêtez-la ! Elle a volé mon amant !

Deux hommes saisirent la fugitive par l'épaule, mais Duroy, qui l'avait rattrapée, leur ordonna de s'arrêter, et ensemble lui et Clotilde arrivèrent dans la rue.

Ils montèrent dans un fiacre. Le cocher demanda : « Où dois-je aller ? » Duroy a répondu : « Où vous voudrez ! »

Clotilde sanglotait hystériquement. Duroy ne savait que dire ni quoi faire. Enfin il balbutia :

« Écoute, Clo, ma très chère Clo, laisse-moi t'expliquer. Ce n'est pas de ma faute. Je connaissais cette femme, il y a longtemps...

Elle leva la tête et, avec la fureur d'une femme trahie, elle s'écria d'une voix décousue : « Ah ! misérable, quel coquin tu es ! Est-ce possible ? Quelle honte, oh ! mon Dieu ! Vous lui avez donné mon argent, n'est-ce pas ? Je lui ai donné l'argent... pour cette femme... oh ! la misérable !

Pendant quelques instants, elle sembla chercher en vain une épithète plus énergique. Se penchant soudain en avant, elle saisit la manche du cocher. « Arrêtez ! » cria-t-elle, et, ouvrant la porte, elle descendit. Georges allait la suivre, mais elle ordonna : « Je vous défends de me suivre », d'une voix si forte que les passants se pressèrent autour d'elle, et Duroy n'osa pas bouger de peur d'un scandale.

Elle tira sa bourse, et, en prenant deux francs cinquante, elle la tendit au cocher en disant à haute voix : « Voici l'argent pour votre heure. Conduisez ce coquin rue Boursault, aux Batignolles !

La foule a applaudi ; un homme a dit : « Bravo, petit ! » et le fiacre s'est mis en route, suivi par les huées des passants.

CHAPITRE VI.

UN PAS VERS LE HAUT

Le lendemain matin, Georges Duroy se leva, s'habilla et résolut d'avoir de l'argent ; il chercha Forestier. Son ami le reçut dans son cabinet.

« Qu'est-ce qui vous a fait vous lever si tôt ? » a-t-il demandé.

« Une affaire très grave. J'ai une dette d'honneur.

« Une dette de jeu ? »

Il hésita, puis répéta : « Une dette de jeu. »

« Est-ce grand ? »

— Cinq cents francs. Il n'en avait besoin que de deux cent quatre-vingts.

Forestier demanda avec scepticisme : « À qui devez-vous cette somme ? »

Duroy ne répondit pas tout de suite. — À... à... à... M. de Carleville.

« Ah, où habite-t-il ? »

— Rue... Rue...

Forestier éclata de rire. « Je connais le monsieur ! Si vous voulez vingt francs, vous pouvez les avoir, mais pas plus.

Duroy prit la pièce d'or, alla voir d'autres amis et, à cinq heures, il avait recueilli quatre-vingts francs. Comme il en avait besoin de deux cents de plus, il garda ce qu'il avait supplié et murmura : « Je ne m'en soucierai pas. Je le paierai quand je le pourrai.

Pendant deux semaines, il vécut économiquement, mais au bout de ce temps, les bonnes résolutions qu'il avait prises s'évanouirent, et un soir il retourna aux Folies Bergères à la recherche de Rachel ; Mais la femme était implacable et l'accablait d'injures grossières, jusqu'à ce qu'il sente ses joues frissonner et qu'il quitte la salle.

Forestier, de mauvaise santé et faible, rendait insupportable l'existence de Duroy au bureau. Celui-ci ne répondit pas à ses remarques grossières, mais résolut de se venger. Il s'adressa à Mme Forestier. Il la trouva allongée sur un canapé, en train de lire. Elle tendit la main sans se lever et dit : « Bonjour, Bel-Ami ! »

« Pourquoi m'appelez-vous par ce nom ? »

Elle me répondit en souriant : « J'ai vu Mme de Marelle la semaine dernière et je sais ce qu'on vous a baptisé chez elle. »

Il s'assit près de son hôtesse et la regarda curieusement ; c'était une charmante blonde, blonde et ronde, faite pour les caresses, et il pensa : « Elle est certainement plus gentille que l'autre. » Il ne doutait pas qu'il n'aurait qu'à tendre la main pour cueillir les fruits. Alors qu'il la regardait, elle le réprimandait pour sa négligence à son égard.

Il m'a répondu : « Je ne suis pas venu parce que c'était pour le mieux...

« Comment ? Pourquoi ?

« Pourquoi ? Ne pouvez-vous pas deviner ?

« Non ! »

« Parce que je t'aimais ; un peu, un peu seulement, et je n'ai plus voulu t'aimer.

Elle ne parut ni surprise, ni flattée ; elle sourit indifféremment et répondit calmement : « Oh, vous pouvez venir quand même ; personne ne m'aime longtemps.

« Pourquoi pas ? »

— Parce que c'est inutile, et je le leur dis tout de suite. Si vous m'aviez avoué vos craintes plus tôt, je vous aurais rassuré. Mon cher ami, un homme amoureux n'est pas seulement stupide, mais dangereux. Je cesse tout rapport avec des gens qui m'aiment ou qui feignent de m'aimer ; d'abord, parce qu'ils m'ennuient, et deuxièmement, parce que je les regarde avec effroi, comme je le ferais avec un chien enragé. Je sais que votre amour n'est qu'une sorte d'appétit ; tandis que chez moi ce serait une communion d'âmes. Maintenant, regarde-moi en face... » elle ne sourit plus. "Je ne serai jamais ta chérie ; Il est donc inutile pour vous de persister dans vos efforts. Et maintenant que je vous ai expliqué, serons-nous amis ?

Il savait que cette sentence était irrévocable, et, ravi de pouvoir former une alliance telle qu'elle se proposait, il tendit les deux mains en disant :

« Je suis à vous, Madame, pour en faire ce que vous voudrez. »

Il lui baisa les mains et, levant la tête, lui dit : « Si j'avais trouvé une femme comme vous, comme je l'aurais épousée avec plaisir. »

Elle fut touchée par ces paroles, et d'une voix douce, posant sa main sur son bras, elle lui dit : « Je vais commencer mes bureaux tout de suite. Vous n'êtes pas diplomate... » hésita-t-elle. « Puis-je parler librement ? »

« Oui. »

— Faites appel à Mme Walter qui vous a pris en affection. Mais soyez prudent quant à vos compliments, car elle est vertueuse. Vous y ferez une meilleure impression en étant prudent dans vos remarques. Je sais que votre position au bureau n'est pas satisfaisante, mais ne vous inquiétez pas ; Tous leurs employés sont traités de la même manière.

Il a dit : « Merci ; Tu es un ange, un ange gardien.

En prenant congé, il demanda de nouveau : « Sommes-nous amis, est-ce que c'est réglé ? »

« C'est le cas. »

Ayant observé l'effet de son dernier compliment, il lui dit : « Si jamais vous devenez veuve, je l'ai fait ! » Puis il quitta précipitamment la pièce pour ne pas lui laisser le temps de se fâcher.

Duroy n'aimait pas aller voir Mme Walter, car il n'avait jamais été invité et il ne voulait pas commettre d'infraction à l'étiquette. Le directeur avait été bon pour lui, avait apprécié ses services, l'avait employé à des travaux difficiles, pourquoi ne profiterait-il pas de cette démonstration de faveur pour venir chez lui ? Un jour, donc, il se rendit au marché et acheta vingt-cinq poires. Après les avoir soigneusement rangés dans un panier pour les faire paraître venir de loin, il les porta à la porte de Mme Walter avec sa carte sur laquelle était inscrit :

« Georges Duroy supplie Mme Walter d'accepter le fruit qu'il a reçu ce matin de Normandie. »

Le lendemain, il trouva dans sa boîte aux lettres au bureau une enveloppe contenant la carte de Mme Walter sur laquelle était écrit :

« Mme Walter remercie beaucoup M. Georges Duroy et est chez elle le samedi. »

Le samedi suivant, il a appelé. M. Walter habitait boulevard Malesherbes dans une maison double dont il était propriétaire. Les salles de réception étaient au premier étage. Dans l'antichambre se trouvaient deux valets de pied ; l'un prit le pardessus de Duroy, l'autre sa canne, le mit de côté, ouvrit une porte et annonça le nom du visiteur. Dans le grand miroir de l'appartement, Duroy pouvait voir le reflet des personnes assises dans une autre pièce. Il traversa deux salons et entra dans un petit boudoir où quatre dames étaient réunies autour d'une table à thé. Malgré l'assurance qu'il avait acquise pendant sa vie à Paris, et surtout depuis qu'il avait été mis en contact avec tant de personnages célèbres, Duroy se sentait embarrassé. Il balbutia :

— Madame, j'ai pris la liberté.

La maîtresse de maison lui tendit la main et lui dit : « Vous avez bien bon, monsieur Duroy, de venir me voir. » Elle désigna une chaise. Les dames continuèrent à bavarder. Les visiteurs allaient et venaient. Mme Walter remarqua que Duroy ne disait rien, que personne ne lui adressait la parole, qu'il paraissait déconcerté, et elle l'entraîna dans la conversation qui portait sur l'admission d'un certain M. Linet à l'Académie. Quand Duroy eut pris congé, l'une des dames lui dit : « Comme il est bizarre ! Qui est-il ?

Mme Walter répondit : « Un de nos reporters ; il n'occupe qu'un poste mineur, mais je pense qu'il va progresser rapidement.

Cependant, pendant qu'on parlait de lui, Duroy descendait gaiement le boulevard Malesherbes.

La semaine suivante, il fut nommé rédacteur en chef de l'Echoes, et invité à dîner chez Mme Walter. Les Echoes étaient, disait M. Walter, la moelle même du journal. Il faut se souvenir de tout et de tout le monde, de tous les pays, de toutes les professions, de Paris et de la province, de l'armée, des arts, du clergé, des écoles, des gouvernants et des courtisans. L'homme à la tête de ce département devait être bien éveillé, toujours sur ses gardes, prompt à juger de ce qu'il y avait de mieux à dire et de mieux à omettre, à deviner ce qui plairait au public et à bien le présenter. Duroy était l'homme de la situation.

Il se réjouissait de sa promotion, lorsqu'il reçut une carte gravée sur laquelle on pouvait lire :

« M. et Mme Walter demandent le plaisir de la compagnie de M. Georges Duroy au dîner du jeudi 20 janvier. »

Il était si ravi qu'il baisa l'invitation comme si c'eût été une lettre d'amour.

Puis il se rendit à la caisse pour régler l'importante question de son salaire. On accorda d'abord douze cents francs à Duroy, qui entendait épargner une grande partie de l'argent. Il passa deux jours à s'installer dans son nouveau poste, dans une grande pièce dont il occupait une extrémité et dont l'autre était attribuée à Boisrenard, qui travaillait avec lui.

Le jour du dîner, il sortit du bureau en bonne saison, pour avoir le temps de s'habiller, et se promenait rue de Londres, lorsqu'il aperçut devant lui une forme qui ressemblait à celle de Mme de Marelle. Il sentit ses joues briller et son cœur battre. Il traversa la rue pour voir le visage de la dame ; Il se trompait et respirait plus librement. Il s'était souvent demandé ce qu'il ferait s'il rencontrait Clotilde face à face. Devait-il s'incliner devant elle ou faire semblant de ne pas la voir ? « Je ne la verrais pas, pensa-t-il.

Quand Duroy entra dans ses appartements, il pensa : « Il faut que je change d'appartement ; Ceux-ci ne feront plus l'affaire. Il se sentait à la fois nerveux et gai, et se dit à haute voix : « Il faut que j'écrive à mon père. » De temps en temps, il écrivait à la maison, et ses lettres ravissaient toujours ses vieux parents. Tout en nouant sa cravate contre le miroir, il répéta : « Il faut que j'écrive demain à la maison. Si mon père pouvait me voir ce soir dans la maison où je vais, il serait surpris. Sacristi, je donnerai bientôt un dîner qui n'a jamais été égalé !

Puis il se souvint de son ancienne maison, des visages de son père et de sa mère. Il les vit assis à leur table accueillante, mangeant leur soupe. Il se rappelait chaque ride de leurs vieux visages, chaque mouvement de leurs mains et de leur tête ; Il savait même ce qu'ils se disaient tous les soirs en soupant. Il s'est dit : « J'irai les voir un jour. » Sa toilette terminée, il éteignit sa lumière et descendit l'escalier.

Arrivé à destination, il entra hardiment dans l'antichambre éclairée par des lampes de bronze, et donna sa canne et son pardessus aux deux laquais qui s'approchaient de lui. Tous les salons étaient éclairés. Mme Walter a reçu dans la seconde, la plus grande. Elle salua Duroy d'un sourire charmant, et il serra la main de deux hommes qui arrivèrent après lui, M. Firmin et M. Laroche-Mathieu ; Ce dernier avait une autorité spéciale au bureau en raison de son influence à la Chambre des députés.

Puis les Forestiers sont arrivés, Madeleine charmante en rose. Charles était devenu très émacié et toussait sans cesse.

Norbert de Varenne et Jacques Rival se retrouvent. Une porte s'ouvrit au fond de la chambre, et M. Walter entra avec deux grandes jeunes filles de seize et dix-sept ans ; l'une simple, l'autre jolie. Duroy savait que le directeur était un pater familias, mais il était étonné. Il avait pensé aux filles du directeur comme on pense à un pays lointain qu'on ne verra jamais. De plus, il les avait imaginés et il avait vu des femmes. Ils se serrèrent la main lorsqu'on leur présenta et s'assirent à une table qui leur était réservée. Un des invités n'était pas arrivé, et ce silence embarrassant qui précède les dîners en général régnait en maître.

Duroy jetant un coup d'œil sur les murs, M. Walter lui dit : « Vous regardez mes tableaux ? Je vais tous vous les montrer. Et il prit une lampe pour qu'on pût distinguer tous les détails. Il y avait des paysages de Guillemet ; « Une visite à l'hôpital », par Gervex ; « Une veuve », de Bouguereau ; « Une exécution », de Jean Paul Laurens, et bien d'autres.

Duroy s'écria : « Charmante, charmante, char... » mais il s'arrêta net en entendant derrière lui la voix de Mme de Marelle qui venait d'entrer. M. Walter continua à exposer et à expliquer ses tableaux ; mais Duroy ne voyait rien, écoutait sans comprendre. Mme de Marelle était là, derrière lui. Que devait-il faire ? S'il la saluait, ne pourrait-elle pas lui tourner le dos ou lui faire quelque remarque insultante ? S'il ne l'approchait pas, qu'en penserait-on ? Il était si mal à l'aise qu'à un moment il pensa qu'il devrait feindre l'indisposition et rentrer chez lui.

Les tableaux avaient tous été exposés. M. Walter posa la lampe sur la table et salua le dernier arrivé, tandis que Duroy recommençait seul l'examen de la toile, comme s'il ne pouvait s'en détacher. Que devait-il faire ? Il entendit leurs voix et leurs conversations. Mme Forestier l'appela ; Il se précipita vers elle. C'était pour le présenter à un ami qui était sur le point de donner une fête, et qui voulait en avoir une description dans la Vie Française.

Il balbutia : « Certainement, Madame, certainement. »

Madame de Marelle était tout près de lui ; Il n'osait pas se retourner pour s'en aller. Tout à coup, à son grand étonnement, elle s'écria : « Bonsoir, Bel-Ami ; ne te souviens-tu pas de moi ?

Il tourna vivement les talons ; Elle se tenait devant lui, souriante, les yeux débordants de maladresse et d'affection. Elle lui tendit la main ; Il la prit d'un air dubitatif, craignant quelque perfidie. Elle continua calmement : « Qu'êtes-vous devenue ? On ne vous voit jamais !

N'ayant pas repris possession de lui-même, il murmura : « J'ai eu beaucoup à faire, madame, beaucoup à faire, M. Walter m'a donné un autre poste et les devoirs sont très ardus. »

« Je sais, mais ce n'est pas une excuse pour oublier tes amis. »

Leur conversation fut interrompue par l'entrée d'une grande femme, en décolleté, aux bras rouges, aux joues rouges et vêtue de couleurs gaies. Accueillie avec effusion, Duroy demanda à Mme Forestier : « Qui est cette personne ? »

"Viscountess de Percemur, whose nom de plume is 'Patte Blanche.'"

Il fut surpris et, avec peine, retint un éclat de rire.

« Patte Blanche ? Je l'ai imaginée comme une jeune femme comme vous. Est-ce Patte Blanche ? Ah, elle est belle, très belle !

Un domestique parut à la porte et annonça : « Madame est servie. »

Duroy fut placé entre la simple fille du directeur, Mlle Rose, et Mme de Marelle. La proximité de celle-ci l'embarrassa quelque peu, bien qu'elle parût à son aise et qu'elle s'entretint avec son entrain habituel. Peu à peu, cependant, son assurance lui revint et, avant la fin du repas, il sut que leurs relations se renoueraient. Désireux aussi d'être poli avec la fille de son patron, il s'adressait à elle de temps en temps. Elle a réagi comme l'aurait fait sa mère, sans hésiter sur ce qu'elle devait dire. À la droite de M. Walter était assise la vicomtesse de Percemur, et Duroy, la regardant en souriant, demanda à voix basse à Mme de Marelle : « Connaissez-vous celle qui se signe Domino Rose ? »

— Oui, parfaitement ; Baronne de Livar.

— Est-elle comme la comtesse ?

« Non. Mais elle est tout aussi comique. Elle a soixante ans, elle a de fausses boucles et de fausses dents, des esprits du temps de la Restauration, et des toilettes de la même époque.

Quand les convives furent rentrés au salon, Duroy demanda à Mme de Marelle : « Puis-je vous reconduire chez vous ? »

« Non. »

« Pourquoi pas ? »

— Parce que M. Laroche-Mathieu, qui est mon voisin, me laisse à ma porte chaque fois que je dîne ici.

« Quand vous reverrai-je ? »

« Déjeunez avec moi demain. »

Ils se séparèrent sans un mot de plus. Duroy ne resta pas en retard ; En descendant l'escalier, il rencontra Norbert de Varenne, qui s'en allait aussi. Le vieux poète lui prit le bras ; Ne craignant aucune rivalité au sein du journal, leur travail étant essentiellement différent, il était très amical avec le jeune homme.

« On se promène ensemble ? »

— Je le ferai bien, répondit Duroy.

Les rues étaient presque désertes cette nuit-là. Au début, les deux hommes ne parlèrent pas. Alors Duroy, pour faire quelque remarque, dit : « Ce M. Laroche-Mathieu a l'air très intelligent. »

Le vieux poète murmura : « Pensez-vous ? »

Le jeune homme hésita de surprise : « Pourquoi, oui ! N'est-il pas considéré comme l'un des hommes les plus capables de la Chambre ?

— C'est possible. Dans un royaume d'aveugles, les aveugles sont rois. Tous ces gens sont divisés entre l'argent et la politique ; Ce sont des pédants à qui il est impossible de parler de tout ce qui nous est familier. Ah, il est difficile de trouver un homme qui soit libéral dans ses idées ! J'en ai connu plusieurs, ils sont morts. Cependant, quelle différence fait un peu plus ou un peu moins de génie, puisque tout doit avoir une fin ? Il s'arrêta, et Duroy dit en souriant :

– Vous êtes sombre ce soir, monsieur !

Le poète répondit : « Je le suis toujours, mon enfant ; Vous le serez aussi dans quelques années. Pendant que l'on grimpe l'échelle, on voit le sommet et on se sent plein d'espoir ; Mais quand on a atteint ce sommet, on voit la descente et la fin qui est la mort. C'est un travail lent de montée, mais on descend rapidement. À votre âge, on est joyeux ; On espère beaucoup de choses qui ne se feront jamais. Chez moi, on n'attend que la mort.

Duroy se mit à rire : « Egad, tu me fais frissonner. »

Norbert de Varenne continua : « Vous ne me comprenez pas maintenant, mais plus tard vous vous souviendrez de ce que je vous ai dit. Nous respirons, dormons, buvons, mangeons, travaillons, puis mourons ! La fin de la vie, c'est la mort. Qu'attendez-vous ? Amour? Quelques bisous et vous serez impuissant. Argent? Pour quoi faire? Pour satisfaire vos envies. Gloire? Qu'est-ce qui se passe après tout cela ? Mort! La mort seule est certaine.

Il s'arrêta, prit Duroy par le col de son habit et lui dit lentement : « Réfléchissez à tout cela, jeune homme ; Réfléchissez-y pendant des jours, des mois et des années, et vous verrez la vie d'un point de vue différent. Je suis un vieil homme solitaire. Je n'ai ni père, ni mère, ni frère, ni sœur, ni femme, ni enfants, ni Dieu. Je n'ai que de la poésie. Épousez-vous, mon ami ; Vous ne savez pas ce que c'est que de vivre seul à mon âge. C'est tellement solitaire. Il me semble que je n'ai personne sur la terre. Quand on est vieux, c'est un réconfort d'avoir des enfants.

Arrivés rue de Bourgogne, le poète s'arrêta devant une maison haute, sonna, serra la main de Duroy et lui dit : « Oublie ce que je t'ai dit, jeune homme, et vis selon ton âge. Adieu !" Sur ces mots, il disparut dans le couloir sombre.

Duroy se sentit un peu déprimé en sortant de Varenne, mais en chemin une demoiselle parfumée passa près de lui et lui rappela sa réconciliation avec Mme de Marelle. Comme c'était délicieux la réalisation de ses espoirs !

Le lendemain matin, il arriva à la porte de sa bien-aimée un peu tôt ; Elle le reçut comme s'il n'y avait pas eu de rupture, et lui dit en l'embrassant :

« Vous ne savez pas combien je suis fâchée, ma bien-aimée ; Je m'attendais à une délicieuse lune de miel et maintenant mon mari est rentré à la maison pour six semaines. Mais je ne pouvais pas laisser passer un si long moment sans vous voir, surtout après notre petit désaccord, et voici comment j'ai arrangé les choses : venez dîner lundi. Je vais vous présenter à M. de Marelle, je lui ai déjà parlé de vous.

Duroy hésita perplexe ; Il craignait de trahir quelque chose par un mot, un regard. Il balbutia :

« Non, je préférerais ne pas rencontrer ton mari. »

« Pourquoi pas ? Quelle absurdité ! De telles choses se produisent tous les jours. Je ne vous croyais pas si stupide.

— Très bien, je viendrai dîner lundi.

Pour rendre les choses plus agréables, j'aurai les forestiers, bien que je n'aime pas recevoir de la compagnie à la maison.

Le lundi, en montant l'escalier de Mme de Marelle, il se sentit étrangement troublé ; Ce n'est pas qu'il n'aimât pas à prendre la main de son mari, à boire son vin et à manger son pain, mais il redoutait quelque chose, il ne savait pas quoi. On l'introduisit dans le salon et il attendit comme d'habitude. Puis la porte s'ouvrit, et un homme de grande taille, à la barbe blanche, grave et précis, s'avança vers lui et lui dit courtoisement :

« Ma femme a souvent parlé de vous, monsieur ; Je suis ravi de faire votre connaissance.

Duroy essaya de paraître cordial et serra la main de son hôte avec une énergie exagérée. M. de Marelle posa une bûche sur le feu et demanda :

« Faites-vous du journalisme depuis longtemps ? »

Duroy a répondu : « Seulement quelques mois. » Son embarras s'étant dissipé, il commença à trouver la situation très amusante. Il regarda M. de Marelle, sérieux et digne, et eut envie de rire tout haut. En ce moment, Mme de Marelle entra et s'approcha de Duroy, qui, en présence de son mari, n'osait pas lui baiser la main. Laurine entra ensuite, et offrit son front à Georges. Sa mère lui dit :

— Vous n'appelez pas aujourd'hui M. Duroy Bel-Ami.

L'enfant rougit comme si c'était une grossière indiscrétion que de révéler son secret.

À l'arrivée des Forestiers, Duroy fut surpris par l'apparition de Charles. Il était devenu plus mince et plus pâle en une semaine et toussait sans cesse ; il a dit qu'ils partiraient pour Cannes le jeudi suivant sur ordre du médecin. Ils ne restèrent pas tard ; après leur départ, Duroy dit en secouant la tête :

« Il ne vivra pas longtemps. »

Mme de Marelle répondit calmement : « Non, il est condamné ! C'était un homme chanceux d'avoir une telle femme.

Duroy a demandé : « Est-ce qu'elle l'aide beaucoup ? »

« Elle fait tout le travail ; Elle est bien informée sur tous les sujets, et elle obtient toujours son point de vue, comme elle le veut, et quand elle le veut ! Oh, elle est aussi manœuvrante que n'importe qui ! Elle est un trésor pour un homme qui souhaite réussir.

Georges répondit : « Elle se remariera très bientôt, je n'en doute pas. »

« Oui ! Je ne serais même pas surpris qu'elle eût quelqu'un en vue, un adjoint ! mais je n'en sais rien.

M. de Marelle dit avec impatience : « Vous en déduisez tant de choses que je n'aime pas ! Nous ne devrions jamais nous immiscer dans les affaires des autres. Tout le monde devrait en faire une règle.

Duroy prit congé le cœur lourd. Le lendemain, il rendit visite aux forestiers et les trouva en plein paquetage. Charles s'étendit sur un canapé et répéta : « J'aurais dû partir il y a un mois. » Puis il se mit à donner à Duroy d'innombrables ordres, bien que tout eût été arrangé avec M. Walter. Quand Georges le quitta, il serra la main de son camarade et lui dit :

— Eh bien, mon vieux, nous nous reverrons bientôt.

Mme Forestier l'accompagna jusqu'à la porte et il lui rappela leur pacte. « Nous sommes amis et alliés, n'est-ce pas ? Si vous aviez besoin de mes services de quelque manière que ce soit, n'hésitez pas à faire appel à moi. Envoie-moi une dépêche ou une lettre et j'obéirai.

Elle murmura : « Merci, je n'oublierai pas. »

Comme Duroy descendait l'escalier, il rencontra M. de Vaudrec qui montait. Le comte avait l'air triste, peut-être à l'approche du départ.

Le journaliste s'inclina, le comte lui rendit son salut avec courtoisie, mais un peu hautainement.

Le jeudi soir, les Forestiers quittent la ville.

CHAPITRE VII.

UN DUEL QUI A PRIS FIN

L'absence de Charles donna à Duroy une position plus importante à la Vie française. Une seule chose se posait pour l'ennuyer, sinon son ciel était sans nuages.

Un journal insignifiant, la Plume, l'attaquait constamment, ou plutôt attaquait le rédacteur des Échos de la Vie française.

Jacques Rival lui dit un jour : « Vous êtes bien indulgent. »

« Que dois-je faire ? Il ne s'agit pas d'une attaque directe.

Mais, un après-midi qu'il entra dans le bureau, Boisrenard lui tendit un numéro de la Plume.

« Vois, voici une autre remarque désagréable pour toi. »

« Par rapport à quoi ? »

— À l'arrestation d'une certaine dame Aubert.

Georges prit le journal et lut une dénonciation personnelle cinglante. Duroy, semble-t-il, avait écrit un article affirmant que Dame Aubert, qui, en tant que rédactrice en chef de « La Plume », prétendait avoir été mise en état d'arrestation, était un mythe. Celui-ci riposta en accusant Duroy d'avoir reçu des pots-de-vin et d'avoir supprimé des informations qui devaient être publiées.

Comme Saint-Potin entrait, Duroy lui demanda : « Avez-vous vu le paragraphe de La Plume ? »

— Oui, et je reviens de chez dame Aubert ; Elle n'est pas un mythe, mais elle n'a pas été arrêtée ; Ce rapport n'a aucun fondement.

Duroy se rendit aussitôt au cabinet de M. Walter. Après avoir entendu l'affaire, le directeur lui ordonna de se rendre lui-même à la maison de la femme, de s'informer des détails et de répondre à l'article.

Duroy se mit en route et, de retour au bureau, écrivit ce qui suit

Un écrivain anonyme de La Plume essaie de me chercher querelle au sujet d'une vieille femme qui, selon lui, a été arrêtée pour désordre, ce que je nie. J'ai vu moi-même dame Aubert, qui a soixante ans au moins ; Elle me raconta les détails de sa dispute avec un boucher au sujet du poids de quelques côtelettes, différend qui nécessitait une explication devant un magistrat. C'est toute la vérité en un mot. Quant aux autres insinuations, je les méprise. De plus, il ne faut jamais répondre à de telles choses quand elles sont écrites sous un masque.

GEORGES DUROY.

M. Walter et Jacques Rival jugèrent cela suffisant, et il fut décidé qu'il serait publié dans le numéro du jour.

Duroy rentra chez lui un peu agité et inquiet. Que répondrait cet adversaire ? Qui était-il ? Pourquoi cette attaque ? Il passa une nuit agitée. Lorsqu'il a relu son article dans le journal le lendemain matin, il l'a trouvé plus agressif à l'écrit qu'il ne l'était à l'écrit. Il aurait pu, lui semblait-il, adoucir certains termes. Il était excité toute la journée et fiévreux toute la nuit. Il se leva de bonne heure pour se procurer un numéro de La Plume qui devait contenir la réponse à sa note. Il promena ses yeux sur les colonnes et ne vit d'abord rien. Il commençait à respirer plus librement, lorsque ces mots rencontrèrent son œil :

« M. Duroy de la Vie Française nous fait mentir ! Ce faisant, il ment. Il avoue cependant qu'il existe une femme nommée Aubert, et qu'elle a été conduite devant un magistrat par un agent. Il ne reste plus qu'à ajouter au mot « agent » deux mots, qui sont « de morale » et tout est dit. Mais la conscience de certains journalistes n'est pas à la hauteur de leurs talents. Je me signe, Louis Langremont.

Le cœur de Georges battit violemment, et il rentra chez lui pour s'habiller. Il avait été insulté et d'une manière telle qu'il était impossible d'hésiter. Pourquoi avait-il été insulté ? Pour rien! À cause d'une vieille femme qui s'était querellée avec son boucher.

Il s'habilla à la hâte et se rendit chez M. Walter, bien qu'il fût à peine huit heures. M. Walter lisait la Plume.

— Eh bien, dit-il gravement, en apercevant Duroy, vous ne pouvez pas laisser passer cela. Le jeune homme ne répondit pas.

Le directeur continua : « Partez tout de suite à la recherche de Rival, qui veillera à vos intérêts. »

Duroy balbutia quelques mots vagues et se dirigea vers la maison de Rival. Jacques était encore au lit, mais il se leva quand la sonnette sonna, et, ayant lu le paragraphe injurieux, il lui dit : « Qui voudriez-vous avoir en dehors de moi ? »

« Je ne sais pas. »

— Boisrenard ?

« Oui. »

« Es-tu un bon épéiste ? »

« Non. »

« Un bon coup ? »

« J'ai beaucoup utilisé un pistolet. »

« Bien ! Venez faire de l'exercice pendant que je m'occupe de tout. Attendez un instant.

Il entra dans sa loge et reparut bientôt, lavé, rasé et présentable.

« Venez avec moi », dit-il. Il habite au rez-de-chaussée, et il conduit Duroy dans une cave aménagée en salle pour la pratique de l'escrime et du tir. Il sortit une paire de pistolets et commença à donner ses ordres aussi brièvement que s'ils étaient sur le terrain du duel. Il était très satisfait de l'utilisation des armes par Duroy et lui dit de rester là et de s'entraîner jusqu'à midi, heure à laquelle il reviendrait l'emmener déjeuner et lui annoncer le résultat de sa mission. Livré à lui-même, Duroy vise la cible à plusieurs reprises, puis s'assoit pour réfléchir.

De telles affaires étaient abominables de toute façon ! Qu'est-ce qu'un homme respectable gagnerait à risquer sa vie ? Et il se rappela les propos que Norbert de Varenne lui avait faits peu de temps auparavant. « Il avait raison ! » a-t-il déclaré à haute voix. Il faisait sombre dans cette cave, aussi sombre que dans un tombeau. Quelle heure était-il ? Le temps s'écoulait lentement. Tout à coup il entendit des bruits de pas, des voix, et Jacques Rival reparut accompagné de Boisrenard. Le premier s'écria en apercevant Duroy : « Tout est arrangé ! »

Duroy pensait que l'affaire s'était terminée par une lettre d'excuses ; son cœur bondit et il balbutia : « Ah, merci ! »

Rival continua : « M. Langremont a accepté toutes les conditions. Vingt-cinq pas, le feu quand le pistolet est braqué et l'ordre donné. Puis il ajouta : « Maintenant, déjeunons ; Il est plus de midi.

Ils se sont rendus dans un restaurant voisin. Duroy garda le silence. Il mangea pour qu'on ne le croyât pas effrayé, et il se rendit dans l'après-midi avec Boisrenard au bureau, où il travailla d'une manière absente et machinale. Avant de partir, Jacques Rival lui serra la main et l'avertit que lui et Boisrenard l'appelleraient en voiture le lendemain matin à sept heures pour se rendre au bois du Vésinet, où devait avoir lieu la réunion.

Tout s'était arrangé sans qu'il dît un mot, qu'il donnât son avis, qu'il acceptât ou qu'il refusât, avec une telle rapidité que son cerveau tournait et qu'il savait à peine ce qui se passait. Il rentra chez lui vers neuf heures du soir, après avoir dîné avec Boisrenard, qui ne l'avait pas quitté de la journée. Quand il était seul, il faisait les cent pas ; Il était trop confus pour réfléchir.

Une seule pensée lui occupait l'esprit, c'était : un duel demain ! Il s'assit et commença à méditer. Il avait jeté sur sa table la carte de son adversaire que lui avait apportée Rival. Il l'a lu pour la vingtième fois ce jour-là :

"Louis LANGREMONT,176 Rue Montmartre."

Rien de plus ! Qui était l'homme ? Quel âge avait-il ? Quelle taille ? À quoi ressemblait-il ? Comme il est odieux qu'un parfait inconnu, sans rime ni raison, par pur caprice, l'ennuie ainsi à cause de la querelle d'une vieille femme avec son boucher ! Il dit à haute voix : « La brute ! » et regarda la carte avec colère.

Il commença à se sentir nerveux ; Le son de sa voix le fit tressaillir ; Il but un verre d'eau et se coucha. Il se tourna de son côté droit vers son côté gauche, mal à l'aise. Il avait soif ; Il se leva, il se sentait agité.

« Ai-je peur ? » s'est-il demandé.

Pourquoi son cœur palpitait-il si violemment au moindre bruit ? Il commença à raisonner philosophiquement sur la possibilité d'avoir peur. Non, certainement pas, puisqu'il était prêt à se battre. Cependant il se sentait si profondément ému qu'il se demandait si l'on pouvait avoir peur malgré soi. Que se passerait-il si cet état de choses existait ? S'il tremblait ou perdait sa présence d'esprit ? Il alluma sa bougie et regarda dans la glace ; Il reconnut à peine son propre visage, il était si changé.

Tout à coup, il pensa : « Demain, à cette heure, je serai peut-être mort. » Il se retourna vers son lit et se vit étendu sans vie dessus. Il se précipita vers la fenêtre et l'ouvrit ; mais l'air de la nuit était si froid qu'il la ferma, alluma un feu et se remit à arpenter le parquet en disant machinalement : « Il faut que je sois plus calme. J'écrirai à mes parents, en cas d'accident. Il prit une feuille de papier et, après plusieurs tentatives, commença :

« Mon cher père et ma chère mère... «

Au point du jour, je vais me battre en duel, et comme il peut arriver...

Il ne pouvait plus écrire, il se leva en frissonnant. Il lui semblait que, malgré ses efforts, il n'aurait pas la force nécessaire pour affronter la réunion. Il se demandait si son adversaire avait déjà combattu auparavant ; S'il était connu ? Il n'avait jamais entendu son nom. Cependant, s'il n'avait pas été un tireur remarquable, il n'aurait pas accepté cette arme dangereuse sans hésitation. Il grinça des dents pour l'empêcher de pleurer à haute voix. Tout à coup, il se souvint qu'il avait une bouteille d'eau-de-vie ; Il le sortit de l'armoire et le vida bientôt. Maintenant, il sentait son sang couler plus chaudement dans ses veines. « J'ai trouvé un moyen, dit-il.

Le jour se leva. Il commença à s'habiller ; Quand son cœur lui manqua, il prit encore de l'eau-de-vie. Enfin, on frappa à la porte. Ses amis étaient venus ; Ils étaient enveloppés dans des fourrures. Après lui avoir serré la main, Rival dit : « Il fait aussi froid que la Sibérie. Tout va bien ?

« Oui. »

« Êtes-vous calme ? »

« Très calme. »

« As-tu mangé et bu quelque chose ? »

« Je n'ai besoin de rien. »

Ils descendirent l'escalier. Un monsieur était assis dans la voiture. Rival a dit : « Dr Le Brument. » Duroy lui serra la main et balbutia : « Merci », en entrant dans la voiture. Jacques Rival et Boisrenard le suivirent, et le cocher s'éloigna. Il savait où aller.

La conversation s'est enlisée, bien que le médecin ait raconté un certain nombre d'anecdotes. Seul le rival lui répondit. Duroy essayait de paraître maître de lui-même, mais il était continuellement hanté par la peur de montrer ses sentiments ou de perdre la possession de lui-même. Rival s'adressa à lui en disant : « J'ai apporté les pistolets à Gastine Renette. Il les chargea. La boîte est scellée.

Duroy répondit machinalement : « Merci. »

Alors Rival se mit à lui donner des instructions minutieuses, afin qu'il ne puisse pas se tromper. Duroy répétait ces instructions comme les enfants apprennent leurs leçons afin de les graver dans sa mémoire. Tandis qu'il marmonnait ces phrases encore et encore, il priait presque pour qu'il puisse arriver quelque accident à la voiture ; Si seulement il pouvait se casser la jambe !

Au bout d'une clairière, il aperçut une voiture arrêtée et quatre gentilshommes qui battaient du pied pour se réchauffer, et il fut obligé de haleter pour reprendre haleine. Rival et Boisrenard descendirent les premiers, puis le docteur et le combattant.

Rival prit la boîte de pistolets, et, avec Boisrenard, s'approcha des deux étrangers qui s'avançaient vers eux. Duroy les vit se saluer cérémonieusement, puis traverser la clairière ensemble en comptant les pas.

Le Dr Le Brument demanda à Duroy : « Vous sentez-vous bien ? Tu ne veux rien ?

« Rien, merci. » Il lui semblait qu'il dormait, qu'il rêvait. A-t-il eu peur ? Il ne savait pas. Jacques Rival revint et dit à voix basse : « Tout est prêt. La chance nous a favorisés dans le dégainage des pistolets. C'était une question d'indifférence pour Duroy. Ils l'aidèrent à enlever son pardessus, le conduisirent sur le terrain réservé pour le duel et lui donnèrent son pistolet. Devant lui se tenait un homme, petit, gros et chauve, qui portait des lunettes.

C'était son adversaire. Une voix rompit le silence, une voix qui venait de loin : « Êtes-vous prêts, messieurs ? »

Georges s'écria : « Oui. »

La même voix ordonna : « Feu ! »

Duroy n'entendait plus, ne voyait plus rien ; Il savait seulement qu'il levait le bras et appuyait de toutes ses forces sur la détente. Bientôt il aperçut un peu de fumée devant lui ; Son adversaire était toujours debout dans la même position, et il y avait un petit nuage blanc au-dessus de sa tête. Ils avaient tous les deux tiré. Tout était fini ! Son second et le docteur le tâtonnèrent, déboutonnèrent leurs vêtements et demandèrent anxieusement : « Êtes-vous blessé ? » Il a répondu : « Non, je ne pense pas. »

Langremont n'est pas blessé non plus, et Jacques Rival murmure d'un air mécontent : « C'est toujours comme ça avec ces maudits pistolets : ou on rate ou on tue son adversaire. »

Duroy était paralysé de surprise et de joie. Tout était fini ! Il sentait qu'il pouvait combattre l'univers entier. Tout était fini ! Quel bonheur ! Il se sentait assez courageux pour provoquer n'importe qui. Les seconds se consultèrent quelques instants, puis les duellistes et leurs amis montèrent dans les voitures et s'en allèrent. Lorsque le rapport officiel fut rédigé, il fut remis à Duroy qui devait l'insérer dans les Échos. Il fut surpris de constater que deux balles avaient été tirées.

Il dit à Rival : « Nous n'avons tiré qu'une fois ! »

Celui-ci sourit : « Oui, une fois, une fois chacune, cela fait deux fois ! »

Et Duroy, satisfait de cette explication, ne posa plus de questions. M. Walter l'embrassa.

« Bravo ! vous avez défendu les couleurs de la Vie Française ! Bravo !

Le lendemain, à onze heures du matin, Duroy reçut un télégramme :

« Mon Dieu ! J'ai eu peur. Venez tout de suite rue de Constantinople que je vous embrasse, mon amour. Comme vous êtes courageux. Je t'adore. Clo.

Il se rendit à la place qu'il lui avait désignée, et Mme de Marelle se précipita dans ses bras en le couvrant de baisers.

« Oh ! ma chérie, si tu savais ce que j'ai ressenti quand je lis les journaux du matin ! Dites-le-moi, dites-moi tout.

Duroy fut obligé de lui faire un récit détaillé.

« Tu as dû passer une nuit terrible avant le duel ! »

— Mais non ; J'ai très bien dormi.

« Je n'aurais pas dû fermer les yeux. Dites-moi ce qui s'est passé sur le terrain.

Aussitôt, il se mit à lui donner une description graphique du duel. Quand il eut fini, elle lui dit : « Je ne peux pas vivre sans toi ! Il faut que je vous voie, et avec mon mari à Paris, ce n'est pas très commode. J'ai souvent une heure tôt le matin où je pourrais venir vous embrasser, mais je ne peux pas entrer dans votre horrible maison ! Que pouvons-nous faire ?

Il demanda brusquement : « Combien payez-vous ici ? »

— Cent francs par mois.

— Très bien, je prendrai les appartements pour mon propre compte, et je partirai tout de suite. Les miens ne me conviennent pas de toute façon maintenant.

Elle réfléchit un instant puis répondit : « Non, je ne veux pas que vous le fassiez. »

Il a demandé avec surprise : « Pourquoi pas ? »

« Parce que ! »

"Ce n'est pas une raison. Ces chambres me conviennent très bien. Je suis là; Je resterai. Il a ri. « De plus, ils ont été embauchés en mon nom ! »

Mais elle persista : « Non, non, je ne vous le souhaite pas. »

— Pourquoi pas, alors ?

Elle murmura doucement, tendrement : « Parce que tu voudrais en amener d'autres ici, et je ne veux pas que tu le fasses. »

Indigné, il s'écria : « Jamais, je vous le promets ! »

— Vous le feriez en dépit de votre promesse.

« Je vous jure que je ne le ferai pas. »

« Vraiment ? »

— Vraiment, sur ma parole d'honneur. C'est notre nid, le nôtre seul !

Elle l'embrassa dans un transport de joie. — Alors, je suis d'accord, ma très chère. Mais si vous me trompez une fois, une seule fois, cela mettra fin à tout entre nous pour toujours.

Il protesta, et il fut convenu qu'il s'installerait dans les chambres le jour même. Elle lui dit :

« Vous devez dîner avec nous dimanche. Mon mari vous trouve charmante.

Il était flatté. — Vraiment ?

« Oui, vous avez fait une conquête. Ne m'avez-vous pas dit que votre maison était à la campagne ?

— Oui ; Pourquoi ?

— Alors, vous savez quelque chose sur l'agriculture ?

« Oui. »

— Très bien ; lui parler de jardinage et de cultures ; Il aime ces sujets.

— D'accord. Je n'oublierai pas.

Elle le quitta, après lui avoir prodigué d'innombrables caresses.

CHAPITRE VIII.

LA MORT ET UNE DEMANDE EN MARIAGE

Duroy emménage ses effets dans les appartements de la rue de Constantinople. Deux ou trois fois par semaine, Mme de Marelle lui rendait visite. Duroy, pour les contrebalancer, dînait chez elle tous les jeudis, et ravissait son mari en lui parlant d'agriculture.

C'était presque la fin du mois de février. Duroy était libre de tout soin. Une nuit, alors qu'il rentrait chez lui, il trouva une lettre sous sa porte. Il examina le cachet de la poste ; c'était de Cannes. L'ayant ouverte, il lut :

« Cannes, Villa Jolie. »

« Cher monsieur et ami, vous m'avez dit, n'est-ce pas, que je pouvais compter sur vous à tout moment ? Très bien. J'ai une faveur à vous demander ; c'est de venir m'aider, de ne pas me laisser seul dans les derniers moments de Charles. Il se peut qu'il ne survive pas à la semaine, bien qu'il ne soit pas confiné dans son lit, mais le médecin m'a prévenu. Je n'ai ni la force ni le courage de voir cette agonie jour et nuit, et je pense avec terreur que la fin approche ne peut que vous demander une telle chose, car mon mari n'a pas de parents. Vous étiez son camarade ; il vous a aidé à atteindre votre position ; venez, je vous en supplie ; Je n'ai personne d'autre à qui demander.

« Votre amie », « Madeleine Forestier ».

Georges murmura : — Certainement, j'irai. Pauvre Charles !

Le directeur, à qui il communiqua le contenu de cette lettre, donna son consentement en grommelant. Il répéta : « Mais reviens vite, tu nous es indispensable. »

Georges Duroy partit pour Cannes le lendemain par l'express de sept heures, après avoir prévenu Mme de Marelle par télégramme. Il arriva le lendemain à quatre heures de l'après-midi. Un commissionnaire le conduisit à la Villa Jolie. La maison était petite et basse, et de style architectural italien.

Un domestique ouvrit la porte et cria : « Oh ! monsieur, Madame vous attend patiemment. »

Duroy demanda : « Comment va votre maître ? »

– Pas très bien, monsieur. Il ne sera pas ici longtemps.

Le sol du salon où le jeune homme entra était recouvert d'un tapis persan ; Les grandes fenêtres donnaient sur le village et la mer.

Duroy murmura : « Comme c'est confortable ici ! D'où diable tirent-ils l'argent ?

Le bruissement d'une robe le fit se retourner. Mme Forestier tendit les deux mains en disant :

« Comme c'est gentil de votre part de venir. »

Elle était un peu plus pâle et plus maigre, mais toujours aussi brillante, et peut-être plus jolie parce qu'elle était plus délicate. Elle murmura : « C'est terrible, il sait qu'il ne peut pas être sauvé et il me tyrannise. Je lui ai parlé de votre arrivée. Mais où est ta malle ?

Duroy répondit : « Je l'ai laissé à la gare, ne sachant pas dans quel hôtel vous me conseilleriez de m'arrêter pour être près de vous. »

Elle hésita, puis dit : « Il faut que vous vous arrêtiez ici, à la villa. Votre chambre est prête. Il pouvait mourir d'un moment à l'autre, et si cela arrivait dans la nuit, je serais seul. Je vais envoyer chercher vos bagages.

Il s'inclina. « Comme tu voudras. »

« Maintenant, montons, dit-elle ; Il la suivit. Elle ouvrit une porte au premier étage, et Duroy aperçut près d'une fenêtre une forme assise dans un fauteuil et enveloppée dans des couvertures. Il devina que c'était son ami, bien qu'il le reconnut à peine. Forestier leva la main lentement et avec peine, en disant :

« Vous êtes ici ; Vous êtes venus pour me voir mourir. Je vous en suis bien obligé.

Duroy se força à sourire. « Te voir mourir ? Ce ne serait pas un spectacle très agréable, et je ne choisirais pas cette occasion pour visiter Cannes. Je suis venu ici pour me reposer.

— Asseyez-vous, dit Forestier, et il baissa la tête comme plongé dans une méditation désespérée. Voyant qu'il ne parlait pas, sa femme s'approcha de la fenêtre et, montrant l'horizon, elle lui dit : « Regarde cela ? N'est-ce pas beau ?

Malgré lui, Duroy sentait la grandeur de la journée de clôture et s'écriait : « Oui, en effet, c'est magnifique. »

Forestier leva la tête et dit à sa femme : « Donnez-moi plus d'air.»

Elle a répondu : « Vous devez être prudents ; il est tard, le soleil se couche ; Vous attraperez plus de rhume et ce serait une chose grave dans votre état.

Il fit un faible geste de colère de la main droite, et dit : « Je vous dis que j'étouffe ! Qu'est-ce que cela fait si je meurs un jour tôt ou tard, puisque je dois mourir ?

Elle ouvrit toute grande la fenêtre. L'air était doux et embaumé. Forestier l'inspira à grands halètements. Il saisit les bras de sa chaise et dit à voix basse : « Fermez la fenêtre. Je préfère mourir dans une cave.

Sa femme ferma lentement la fenêtre, puis appuya son front contre la vitre et regarda dehors. Duroy, mal à l'aise, voulut s'entretenir avec le malade pour le rassurer, mais il ne trouva pas de paroles de consolation. Il balbutia : « N'avez-vous pas été mieux depuis que vous êtes ici ? »

Son ami haussa les épaules avec impatience : « Vous verrez très bientôt. » Et il baissa de nouveau la tête.

Duroy a poursuivi : « À la maison, c'est encore l'hiver. Il neige, il grêle, il pleut, et il fait si sombre qu'il faut allumer les lampes à trois heures de l'après-midi.

Forestier a demandé : « Y a-t-il quelque chose de nouveau au bureau ? »

« Rien. On a pris le petit Lacrin du Voltaire pour vous remplacer, mais il en est incapable. Il est temps que vous reveniez.

Le malade murmura : « Moi ? Je vais bientôt écrire sous six pieds de gazon. Un long silence s'ensuivit.

Mme Forestier ne bougea pas ; Elle se tenait debout, le dos tourné vers la chambre, le visage tourné vers la fenêtre. Enfin Forestier rompit le silence d'une voix haletante, déchirante à écouter : « Combien de couchers de soleil verrai-je encore... huit, dix, quinze, vingt, ou peut-être trente, pas plus. Vous avez plus de temps, vous deux, quant à moi, tout est fini. Et tout se passera quand je serai parti comme si j'étais ici. Il s'arrêta quelques instants, puis reprit : « Tout ce que je vois me rappelle que je ne les verrai pas longtemps. C'est horrible. Je ne verrai plus les plus petits objets, les verres, la vaisselle, les lits sur lesquels nous nous reposons, les voitures. Il est possible de conduire le soir. Comme j'aimais tout cela.

De nouveau, les paroles de Norbert de Varenne revinrent à l'esprit de Duroy. La pièce s'assombrit. Forestier demanda avec irritation :

« N'aurons-nous pas de lampe ce soir ? C'est ce qu'on appelle prendre soin d'un malade !

La forme dessinée contre la fenêtre disparut et une cloche électrique se fit entendre. Un domestique entra bientôt et posa une lampe sur la cheminée. Mme Forestier demanda à son mari : « Voulez-vous vous retirer, ou voulez-vous descendre dîner ?»

« Je vais descendre dîner. »

Le repas parut interminable à Duroy, car il n'y avait pas de conversation, il n'y avait que le tic-tac d'une horloge qui rompait le silence. Quand ils eurent fini, Duroy, alléguant la fatigue, se retira dans sa chambre et essaya en vain d'inventer un prétexte pour rentrer le plus vite possible. Il s'est consolé en disant : « Peut-être que ce ne sera pas pour longtemps. »

Le lendemain matin, Georges se leva de bonne heure et descendit à pied jusqu'à la plage. Quand il revint, le domestique lui dit : « Monsieur vous a demandé deux ou trois fois. Voulez-vous monter ?

Il monta l'escalier. Forestier semblait être sur une chaise ; Sa femme, allongée sur un divan, lisait. Le malade leva la tête. Duroy demanda :

« Eh bien, comment allez-vous ? Tu as l'air mieux ce matin.

Forestier murmure : « Oui, je suis meilleur et plus fort. Déjeunez le plus vite possible avec Madeleine, car nous allons faire un tour en voiture.

Quand Mme Forestier fut seule avec Duroy, elle lui dit : « Voyez-vous, aujourd'hui il se croit mieux ! Il fait des plans pour demain. Nous allons maintenant à Gulf Juan pour acheter des poteries pour nos chambres à Paris. Il est déterminé à y aller, mais il ne supporte pas les secousses sur la route.

La voiture arrivée, Forestier descendit l'escalier, pas à pas, soutenu par son domestique. Quand il a vu le landau fermé, il a voulu le découvrir. Sa femme s'opposa à lui : « C'est de la pure folie ! Tu vas prendre froid.

Il a insisté : « Non, je vais être meilleur, je le sais. »

Ils ont d'abord roulé le long d'une route ombragée, puis ont pris la route au bord de la mer. Forestier a expliqué les différents points d'intérêt. Finalement, ils arrivèrent à un pavillon au-dessus duquel étaient ces mots : « Poterie d'art du Golfe Juan », et la voiture s'arrêta à la porte. Forestier voulait acheter un vase pour le mettre sur sa bibliothèque. Comme il ne pouvait pas quitter la voiture, ils lui apportèrent les pièces une à une. Il lui fallut beaucoup de temps pour choisir, en consultant sa femme et Duroy : « Vous savez, c'est pour mon étude. De mon fauteuil, je peux le voir constamment. Je préfère la forme ancienne, la forme grecque.

Finalement, il fit son choix. — Je rentrerai à Paris dans quelques jours, dit-il.

Sur le chemin du retour, le long du golfe, une brise fraîche se leva soudain, et le malade se mit à tousser. Au début, ce n'était rien, seulement une légère attaque, mais elle s'est aggravée et s'est transformée en une sorte de hoquet, un râle ; Forestier s'étouffait, et chaque fois qu'il essayait de respirer, il toussait violemment. Rien ne l'apaisait. Il a dû être transporté du landau à sa chambre. La chaleur du lit n'arrêta pas l'attaque, qui dura jusqu'à minuit. Les premières paroles du malade furent de demander un barbier, car il insistait pour être rasé tous les matins. Il se leva pour se faire raser, mais il fut obligé de se coucher tout de suite, et commença à respirer si péniblement, que Mme Forestier, effrayée, réveilla Duroy et lui demanda d'aller chercher le docteur. Il revint presque immédiatement avec le Dr Gavant qui prescrivit pour le malade. Lorsque le journaliste lui a demandé son avis, il a répondu : « C'est la dernière étape. Il sera mort demain matin. Préparez cette pauvre jeune épouse et envoyez chercher un prêtre. Je ne peux rien faire de plus. Cependant, je suis tout à votre disposition, dit Duroy à Mme Forestier. « Il va mourir. Le médecin me conseille d'envoyer chercher un prêtre. Qu'est-ce que tu vas faire ?

Elle hésita un instant, puis dit lentement :

« J'irai lui dire que le curé désire le voir. Aurez-vous la bonté d'en trouver un qui n'exigera que l'aveu et qui ne fera pas beaucoup d'histoires ?

Le jeune homme amenait avec lui un vieux prêtre aimable qui s'accommodait des circonstances. Lorsqu'il fut entré dans la chambre mortuaire, Mme Forestier en sortit et s'assit avec Duroy dans une pièce voisine.

— Cela l'a contrarié, dit-elle. « Quand je lui ai parlé du prêtre, son visage a pris une expression effrayée. Il savait que la fin était proche. Je n'oublierai jamais son visage.

À ce moment-là, ils entendirent le prêtre lui dire : « Mais non, tu n'es pas si bas que cela. Vous êtes malade, mais vous n'êtes pas en danger. La preuve en est que je suis venu en tant qu'ami, en tant que voisin. Ils ne pouvaient pas entendre sa réponse. Le prêtre continua : « Non, je n'administrerai pas le sacrement. Nous en reparlerons quand vous serez mieux. Si seulement vous voulez avouer, je n'en demande pas davantage. Je suis pasteur ; Je profite de chaque occasion pour rassembler mes brebis.

Un long silence s'ensuivit. Puis, tout à coup, le prêtre dit, du ton de celui qui officie à l'autel :

« La miséricorde de Dieu est infinie ; répète le « Confiteor », mon fils. Peut-être l'avez-vous oublié ; Je vais vous aider. Répétez-moi : « Confiteor Deo omnipotenti ; Beata Mariae semper virgini. Il s'arrêtait de temps en temps pour permettre au mourant de le rattraper.

Puis il dit : « Maintenant, confesse-toi. » Le malade murmura quelque chose. Le prêtre répéta : « Tu as commis des péchés : de quelle sorte, mon fils ? »

La jeune femme se leva et dit simplement : « Allons dans le jardin. Nous ne devons pas écouter ses secrets.

Ils s'assirent sur un banc devant la porte, sous un rosier en fleurs. Après quelques instants de silence, Duroy demanda : « Y aura-t-il quelque temps avant que vous ne rentriez à Paris ? »

« Non, répondit-elle ; « Quand tout sera fini, j'y retournerai. »

— Dans une dizaine de jours ?

— Oui, tout au plus.

Il a poursuivi : « Charles n'a donc pas de famille ? »

— Aucun, sauf des cousins. Son père et sa mère sont morts quand il était très jeune.

Au bout de quelques minutes, le serviteur vint leur annoncer que le prêtre avait fini, et ensemble ils montèrent l'escalier. Forestier semblait avoir maigri depuis la veille. Le prêtre lui tenait la main.

« Au revoir, mon fils. Je reviendrai demain matin. Et il est parti. Quand il fut parti, le mourant, qui haletait, essaya de lever ses deux mains vers sa femme et haleta :

« Sauve-moi, sauve-moi, ma chérie. Je ne veux pas mourir, oh, sauvez-moi, allez chez le médecin. Je prendrai n'importe quoi. Je ne veux pas mourir. Il pleura ; Les larmes coulaient sur ses joues pâles. Puis ses mains commencèrent à errer çà et là continuellement, lentement et régulièrement, comme s'ils rassemblaient quelque chose sur la couverture. Sa femme, qui pleurait aussi, sanglotait :

— Non, ce n'est rien. Ce n'est qu'une attaque ; vous irez mieux demain ; Vous vous êtes fatigué de cette conduite.

Forestier reprit son souffle rapidement et si faiblement qu'on l'entendait à peine. Il a répété :

« Je ne veux pas mourir ! Oh, mon Dieu, mon Dieu, qu'est-ce qui m'est arrivé ? Je ne vois pas. Oh, mon Dieu ! Ses yeux fixes voyaient quelque chose d'invisible pour les autres ; ses mains pinçaient continuellement le comptoir. Soudain, il frissonna et haleta : « Le cimetière, moi, mon Dieu ! » Il ne parla plus. Il restait là, immobile et épouvantable. Les heures s'éternisaient ; L'horloge d'un couvent voisin sonnait midi.

Duroy sortit de la chambre pour aller chercher à manger. Il revint une heure plus tard ; Mme Forestier ne voulait rien manger. Le malade n'avait pas bougé. La jeune femme était assise dans un fauteuil au pied du lit. Duroy s'assit aussi, et ils regardèrent en silence. Une infirmière, envoyée par le docteur, était arrivée et somnolait près de la fenêtre.

Duroy lui-même était presque endormi lorsqu'il eut le pressentiment que quelque chose allait se produire. Il ouvrit les yeux juste à temps pour voir Forestier fermer les siens. Il toussa légèrement, et deux filets de sang sortirent des coins de sa bouche et coulèrent sur sa robe de nuit ; ses mains cessèrent leur mouvement perpétuel ; Il avait rendu le dernier soupir. Sa femme, l'apercevant, poussa un cri et tomba à genoux près du lit. Georges, surpris et effrayé, fit machinalement le signe de croix.

L'infirmière, s'éveillant, s'approcha du lit et dit : « Il est venu. » Duroy, reprenant possession de lui-même, murmura avec un soupir de soulagement : « Ce n'était pas aussi dur que je le craignais. »

Cette nuit-là, Mme Forestier et Duroy veillaient dans la chambre de la mort. Ils étaient seuls à côté de celui qui n'était plus. Ils ne parlaient pas, les yeux de Georges semblaient attirés par ce visage émacié que la lumière vacillante rendait plus creux. C'était son ami, Charles Forestier, qui la veille lui avait parlé. Pendant plusieurs années, il avait vécu, mangé, ri, aimé et espéré comme tout le monde, et maintenant tout était fini pour lui pour toujours.

La vie a duré quelques mois ou quelques années, puis s'est enfuie ! L'un d'eux naquit, grandit, fut heureux et mourut. Adieu! Homme ou femme, vous ne reviendrez jamais sur terre ! Il pensa aux insectes qui vivent plusieurs heures, aux fêtes qui durent plusieurs jours, aux hommes qui vivent plusieurs années, aux mondes qui durent plusieurs siècles. Quelle était la différence entre l'un et l'autre ? Quelques aubes de plus, c'était tout.

Duroy détourna les yeux pour ne pas voir le cadavre. Mme Forestier baissa la tête ; Ses cheveux blonds rehaussaient la beauté de son visage triste. Le cœur du jeune homme devint plein d'espoir. Pourquoi se lamenterait-il alors qu'il avait encore tant d'années devant lui ? Il jeta un coup d'œil à la belle veuve. Comment avait-elle jamais consenti à épouser cet homme ? Puis il réfléchit à tous les secrets cachés de leur vie. Il se rappela qu'on lui avait parlé d'un comte de Vaudrec qui l'avait douaire et donnée en mariage. Que ferait-elle maintenant ? Avec qui allait-elle se marier ? Avait-elle des projets, des plans ? Il aurait aimé le savoir. Pourquoi cette anxiété quant à ce qu'elle ferait ?

Georges s'interrogea et découvrit qu'elle était causée par le désir de la gagner pour lui-même. Pourquoi ne réussirait-il pas ? Il était certain qu'elle l'aimait ; Elle aurait confiance en lui, car elle savait qu'il était intelligent, résolu, tenace. Ne l'avait-elle pas fait venir ? N'était-ce pas une sorte d'aveu ? Il était impatient de l'interroger, de connaître ses intentions. Il allait bientôt devoir quitter cette villa, car il ne pouvait pas rester seul avec la jeune veuve ; il fallait donc qu'il s'instruisît de ses projets avant de retourner à Paris, afin qu'elle ne cédât pas aux supplications d'un autre. Il rompit le silence oppressant en disant :

« Vous devez être fatigué. »

« Oui, mais je suis surtout peiné. »

Leurs voix sonnaient étrangement dans cette pièce. Ils jetèrent involontairement un coup d'œil au cadavre, comme s'ils s'attendaient à le voir bouger. Duroy a poursuivi :

« C'est un coup dur pour vous, et cela changera complètement votre vie. »

Elle soupira profondément, mais ne répondit pas. Il a ajouté :

« C'est très triste pour une jeune femme comme vous d'être laissée seule. » Il s'arrêta ; elle ne répondait toujours pas, et il balbutiait : « En tout cas, vous vous souviendrez du pacte entre nous ; Tu peux me commander comme tu veux. Je suis à toi.

Elle lui tendit la main et lui dit tristement et doucement : « Merci, vous êtes très gentil. Si je peux faire quelque chose pour vous, je dis aussi : « Comptez sur moi ».

Il prit la main qu'elle lui tendait, la regarda, et fut saisi d'un ardent désir de la baiser. Lentement, il le porta à ses lèvres puis l'abandonna. Comme ses doigts délicats se posaient sur son genou, la jeune veuve dit gravement :

— Oui, je serai tout seul, mais je me forcerai à être courageux.

Il ne savait pas comment lui dire qu'il serait ravi de l'épouser. Certes, ce n'était pas le moment de lui parler d'un pareil sujet ; Cependant, il pensait qu'il pourrait être capable de s'exprimer au moyen d'une phrase qui aurait un sens caché et qui déduirait ce qu'il voulait dire. Mais ce cadavre rigide gisait entre eux. L'atmosphère est devenue oppressante, presque suffocante. Duroy demanda : « Ne pouvons-nous pas ouvrir un peu la fenêtre ? L'air semble être impur.

« Certainement, répondit-elle ; « Je l'ai remarqué aussi. »

Il ouvrit la fenêtre, laissant entrer l'air frais de la nuit. Il se retourna : « Venez regarder, c'est délicieux. »

Elle glissa doucement à ses côtés. Il murmura : « Écoutez-moi. Ne vous fâchez pas de ce que j'aborde le sujet à cette heure-là, mais après-demain je partirai d'ici, et quand vous reviendrez à Paris, il sera peut-être trop tard. Vous savez que je ne suis qu'un pauvre diable qui a sa position à prendre, mais j'en ai la volonté et un peu d'intelligence, et je progresse. Un homme qui a atteint son ambition sait sur quoi compter ; Un homme qui a sa voie à faire ne sait pas ce qui peut arriver, cela peut être meilleur ou pire. Je t'ai dit un jour que mon rêve le plus cher était d'avoir une femme comme toi.

— Je vous le répète aujourd'hui. Ne répondez pas, mais permettez-moi de continuer. Ce n'est pas une proposition, le temps et le lieu la rendraient odieuse. Je veux seulement vous dire que, par un mot, vous pouvez me rendre heureuse, et que vous pouvez faire de moi comme vous voudrez, ou un ami, soit un mari, car mon cœur et mon corps sont à vous. Je ne veux pas que vous me répondiez maintenant. Je ne souhaite pas m'étendre davantage sur ce sujet. Quand nous nous rencontrerons à Paris, tu pourras me dire ta décision.

Il prononça ces paroles sans la regarder, et elle sembla ne pas les avoir entendues, car elle se tenait à côté de lui, immobile, fixant vaguement et fixement le paysage devant elle, baigné par le clair de lune.

Enfin elle murmura : « Il fait un peu froid », et elle se tourna vers le lit. Duroy la suivit. Ils ne parlèrent pas, mais continuèrent leur garde. Vers minuit, Georges s'endormit. Au point du jour, l'infirmière entra et il se mit en marche. Lui et Mme Forestier se retirèrent dans leurs chambres pour se reposer. À onze heures, ils se levèrent et déjeunèrent ensemble ; tandis qu'à travers la fenêtre ouverte flottait l'air doux et parfumé du printemps. Après le déjeuner, Mme Forestier proposa qu'ils fassent un tour dans le jardin ; Comme ils marchaient lentement, elle dit soudain, sans tourner la tête vers lui, d'une voix basse et grave :

« Écoutez-moi, mon cher ami ; J'ai déjà réfléchi à ce que vous m'avez proposé, et je ne peux pas vous permettre de partir sans un mot de réponse. Je ne dirai cependant ni oui ni non. Nous attendrons, nous verrons ; Nous ferons plus ample connaissance. Il faut bien y réfléchir aussi. Ne cédez pas à une impulsion. Je vous le dis avant même que le pauvre Charles ne soit enterré, parce qu'il est nécessaire, après ce que vous m'avez dit, que vous me connaissiez tel que je suis, pour ne plus nourrir l'espérance que vous m'avez exprimée, si vous n'êtes pas un homme qui puisse me comprendre et me supporter.

« Maintenant, écoutez bien : le mariage, pour moi, n'est pas une chaîne, mais une association. Je dois être libre, entièrement libre, dans toutes mes actions, mes allées et venues ; Je ne peux tolérer ni le contrôle, ni la jalousie, ni la critique quant à ma conduite. Je m'engage cependant à ne jamais compromettre le nom de l'homme que j'épouse, ni à le rendre ridicule aux yeux du monde. Mais cet homme doit me promettre de me regarder comme une égale, une alliée, et non comme une inférieure, ou comme une épouse obéissante et soumise. Mes idées, je le sais, ne sont pas comme celles des autres, mais je ne les changerai jamais. Ne me répondez pas, ce serait inutile. Nous nous reverrons et nous en reparlerons plus tard. Maintenant, promenez-vous ; Je reviendrai vers lui. Au revoir à ce soir.

Il lui baisa la main et la quitta sans avoir prononcé un mot. Ce soir-là, ils se rencontrèrent à dîner ; Immédiatement après le repas, ils regagnèrent leur chambre, épuisés de fatigue.

Charles Forestier fut inhumé le lendemain au cimetière de Cannes sans aucune pompe, et Georges rentra à Paris par l'express qui partait à une heure et demie. Mme Forestier l'accompagna jusqu'à la gare. Ils se promenaient de long en large sur le quai, attendant l'heure du départ, et causant sur des sujets indifférents.

Le train arrive, le journaliste prend place ; un portier cria : « Marseille, Lyon, Paris ! Tout le monde à bord ! La locomotive siffla et le train sortit lentement de la gare.

Le jeune homme se pencha hors de la voiture et regarda la jeune veuve debout sur le quai qui le regardait. Au moment où elle disparaissait de sa vue, il lui lança un baiser, qu'elle lui rendit d'un geste plus discret de la main.

CHAPITRE IX.
MARIAGE

Georges Duroy reprend ses anciennes habitudes. Installé dans les appartements douillets de la rue de Constantinople, ses relations avec Mme de Marelle deviennent tout à fait conjugales.

Mme Forestier n'était pas revenue ; elle s'attarda à Cannes. Il reçut cependant une lettre d'elle annonçant son retour vers le milieu d'avril, mais ne contenant pas un mot sur leur séparation. Il attendit. Il était résolu à employer tous les moyens pour l'épouser si elle paraissait hésiter ; Il avait foi en sa bonne fortune, en cette puissance d'attraction qu'il sentait en lui, une puissance si irrésistible que toutes les femmes s'y abandonnaient.

À la fin, une courte note l'avertit que le moment décisif était arrivé.

« Je suis à Paris. Venez me voir.

« Madeleine Forestier. »

Rien de plus. Il l'a reçu à neuf heures. À trois heures du même jour, il se présenta chez elle. Elle lui tendit les deux mains avec un doux sourire, et ils se regardèrent dans les yeux pendant quelques secondes, puis elle murmura :

« Comme vous êtes gentil de venir ! »

Il répondit : « Je serais venu quand tu me l'aurais dit. »

Ils s'assirent ; elle s'enquit des Walter, de ses associés et du journal.

« Cela me manque beaucoup, dit-elle. « J'étais devenu journaliste dans l'âme. J'aime le métier. Elle s'arrêta. Il crut voir dans son sourire, dans sa voix, dans ses paroles, une sorte d'invitation, et, quoiqu'il eût résolu de ne pas hâter les choses, il balbutia :

— Eh bien, pourquoi... pourquoi ne reprenez-vous pas cette profession... sous le nom de Duroy ?

Elle devint soudain sérieuse, et, posant sa main sur son bras, elle lui dit : « Ne parlons pas encore de cela. »

Devinant qu'elle l'accepterait, il tomba à genoux et lui baisa passionnément les mains en disant :

« Merci, merci, comme je t'aime. »

Elle se leva, elle était très pâle. Duroy lui baisa le front. Quand elle se fut dégagée de son étreinte, elle lui dit gravement : « Écoutez, mon ami, je ne suis pas encore tout à fait décidée ; Mais ma réponse peut être « oui ». Mais il faut attendre patiemment que je vous révèle le secret.

Il lui promit et la quitta, le cœur débordant de joie. Il travailla régulièrement, dépensa peu, essaya d'économiser de l'argent afin de ne pas être sans sou au moment de son mariage, et devint aussi avare qu'il avait été jadis prodigue. L'été passait ; puis l'automne, et personne ne soupçonnait le lien qui existait entre Duroy et Mme Forestier, car ils se rencontraient rarement en public.

Un soir, Madeleine lui dit : « Vous n'avez pas encore dit nos projets à Mme de Marelle ? »

– Non, ma chère ; comme vous vouliez qu'elles restent secrètes, je n'en ai parlé à personne.

— Très bien ; Il y a beaucoup de temps. Je vais le dire aux Walters.

Elle détourna la tête et continua : « Si vous le souhaitez, nous pouvons nous marier au début de mai. »

« Je t'obéis en toutes choses avec joie. »

« Le 10 mai, qui tombe un samedi, me ferait plaisir, car c'est mon anniversaire. »

— Très bien, le 10 mai.

— Vos parents habitent près de Rouen, n'est-ce pas ?

— Oui, près de Rouen, à Canteleu.

« J'ai très hâte de les voir ! »

Il hésita, perplexe : — Mais... ils sont... Puis il ajouta plus fermement : — Ma chère, ce sont des gens simples, des gens de la campagne, des aubergistes, qui ont mis tous leurs nerfs à rude épreuve pour m'instruire. Je n'en ai pas honte, mais leur simplicité, leur rusticité pourraient vous ennuyer.

Elle sourit doucement. « Non, je les aimerai beaucoup. Nous leur rendrons visite ; Je le souhaite. Moi aussi, je suis l'enfant d'humbles parents, mais j'ai perdu le mien, je n'ai personne au monde... — elle lui tendit la main, — que vous.

Il était touché, conquis comme il ne l'avait jamais été par aucune femme.

« J'ai pensé à quelque chose, dit-elle, mais c'est difficile à expliquer. »

Il demanda : « Qu'est-ce que c'est ? »

« C'est ceci : je suis comme toutes les femmes. J'ai mes... mes faiblesses. Je voudrais porter un nom noble. Ne pouvez-vous pas, à l'occasion de notre mariage, changer quelque peu de nom ? Elle rougit comme si elle eût proposé quelque chose d'indélicat.

Il a répondu simplement : « J'y ai souvent pensé, mais cela ne me semble pas facile. »

« Pourquoi pas ? »

Il a ri. — Parce que j'ai peur d'être ridiculisé.

Elle haussa les épaules. — Pas du tout, pas du tout. Tout le monde le fait, et personne ne rit. Séparez votre nom de cette façon : Du Roy. Ça sonne très bien.

Il répondit : « Non, cela ne suffira pas ; C'est une procédure trop courante. J'ai pensé à prendre le nom de ma ville natale, d'abord comme un pseudonyme littéraire, puis comme mon nom de famille en liaison avec Duroy, qui pourrait plus tard, comme vous l'avez proposé, être séparé.

Elle a demandé : « Votre ville natale est-elle Canteleu ? »

« Oui. »

"Je n'aime pas le licenciement. Ne pourrions-nous pas le modifier ?

Elle prit une plume et nota les noms afin de les étudier. Tout à coup elle s'écria : « Maintenant, je l'ai », et elle lui tendit une feuille de papier sur laquelle était écrit : « Mme Duroy de Cantel. »

Il répondit gravement : « Oui, c'est très agréable. »

Elle fut ravie, et répéta : « Duroy de Cantel. Mme Duroy de Cantel. C'est excellent, excellent !

Puis elle ajouta d'un air convaincu : « Vous verrez comme il sera facile à accepter par tout le monde ! Après demain, signez vos articles « D. de Cantel » et vos « Echos » simplement « Duroy ». Cela se fait sur la presse tous les jours et personne ne sera surpris de vous voir prendre un nom de plume. Comment s'appelle ton père ?

"Alexandre."

Elle murmura : « Alexandre ! » deux ou trois fois de suite ; Puis elle écrivit sur une feuille blanche :

« M. et Mme Alexandre du Roy de Cantel annoncent le mariage de leur fils, M. Georges du Roy de Cantel avec Mme Forestier.»

Elle examina son écriture, et, charmée de l'effet, s'écria : « Avec un peu de méthode, on peut tout réussir. »

Quand Georges arriva dans la rue, résolu à s'appeler désormais « Du Roy », ou même « Du Roy de Cantel », il lui sembla qu'il avait plus d'importance. Il se pavanait avec plus d'audace, tenait la tête plus droite et marchait comme il pensait que les gentlemen le feraient. Il éprouve le désir d'informer les passants : « Je m'appelle Du Roy de Cantel. »

À peine était-il entré dans ses appartements, que la pensée de Mme de Marelle le mettait dans l'inquiétude, et il lui écrivit aussitôt pour lui fixer une date pour le lendemain.

« Ce sera dur », pensa-t-il. — Il y aura sûrement une querelle.

Le lendemain matin, il reçut un télégramme de madame qui l'informait qu'elle serait avec lui à une heure. Il l'attendait avec impatience, résolu à se confesser tout de suite, puis à discuter avec elle, à lui dire qu'il ne pouvait pas rester célibataire indéfiniment, et que, comme M. de Marelle persistait à vivre, il avait été forcé de choisir quelqu'un d'autre pour compagnon de justice. Quand la cloche sonna, son cœur bondit.

Mme de Marelle entra et se jeta dans ses bras en lui disant : « Bon-après-midi, Bel-Ami. » S'apercevant que son étreinte était plus froide que d'habitude, elle leva les yeux vers lui et lui demanda : « Qu'est-ce qui vous fait mal ? »

« Asseyez-vous, dit-il. « Nous devons parler sérieusement. »

Elle s'assit sans ôter son chapeau et attendit. Il baissa les yeux ; Il se préparait à commencer.

Enfin, il dit lentement : « Mon cher ami, vous voyez que je suis très perplexe, très triste et très embarrassé de ce que j'ai à vous avouer. Je t'aime; Je vous aime de tout mon cœur, et la crainte de vous faire de la peine m'afflige plus que ce que j'ai à vous dire.

Elle pâlit, trembla et demanda : « Qu'est-ce qu'il y a ? Dites-le moi vite.

Il dit tristement mais résolument : « Je vais me marier. »

Elle soupira comme quelqu'un qui va perdre connaissance ; Puis elle haleta, mais ne parla pas.

Il a poursuivi : « Vous ne pouvez pas imaginer à quel point j'ai souffert avant de prendre cette résolution. Mais je n'ai ni position ni argent. Je suis seul à Paris, il faut que j'aie près de moi quelqu'un qui puisse me conseiller, me consoler et me soutenir. Ce dont j'ai besoin, c'est d'un associé, d'un allié, et j'en ai trouvé un ! Il s'arrêta, espérant qu'elle répondrait, s'attendant à un accès de rage furieuse, de reproches et d'insultes. Elle pressa sa main sur son cœur et respira avec difficulté. Il prit la main posée sur l'accoudoir de la chaise, mais elle la retira et murmura comme stupéfaite : « Oh ! mon Dieu ! »

Il tomba à genoux devant elle, sans toutefois oser la toucher, plus ému de son silence qu'il ne l'eût été de sa colère.

« Clo, ma petite Clo, tu comprends ma position. Oh ! si j'avais pu vous épouser, quel bonheur cela m'aurait procuré ! Mais vous étiez marié ! Que pouvais-je faire ? Pensez-y ! Je dois faire mon chemin dans le monde et je ne pourrai jamais le faire tant que je n'aurai pas de liens domestiques. Si vous saviez. Il y a des jours où je voudrais tuer votre mari. Il parlait d'une voix basse et séduisante. Il vit deux larmes s'accumuler dans les yeux de Mme de Marelle et couler lentement sur ses joues. Il murmura : « Ne pleure pas, Clo, ne pleure pas, je t'en supplie. Tu me brises le cœur.

Elle s'efforça de paraître digne et hautaine, et demanda, quoiqu'un peu chancelante : « Qui est-ce ? »

Il hésita un instant avant de répondre : « Madeleine Forestier ! »

Mme de Marelle tressaillit ; Ses larmes continuaient de couler. Elle se leva. Duroy vit qu'elle allait le quitter sans un mot de reproche ou de pardon, et il se sentit humilié, humilié. Il saisit sa robe et l'implora :

« Ne me laissez pas ainsi. »

Elle le regarda avec ce regard désespéré et larmoyant, si charmant et si touchant, qui exprime toute la misère refoulée dans le cœur d'une femme, et elle balbutia : « Je n'ai rien à dire ; Je ne peux rien faire. Vous, vous avez raison ; Vous avez fait le bon choix.

Et, se dégageant, elle sortit de la chambre.

Poussé d'un soupir de soulagement de s'échapper si facilement, il se rendit chez Mme Forestier, qui lui demanda : « L'avez-vous dit à Mme de Marelle ? »

Il a répondu calmement : « Oui. »

« Est-ce que cela l'a affectée ? »

— Pas du tout. Au contraire, elle a trouvé que c'était un excellent plan.

La nouvelle ne tarde pas à se répandre à l'étranger. Les uns furent surpris, les autres feignirent de l'avoir prévu, et d'autres encore souriaient, laissant entendre qu'ils n'étaient pas du tout étonnés. Le jeune homme, qui signait ses articles D. de Cantel, ses Echos Duroy et ses esquisses politiques Du Roy, passait la plus grande partie de son temps avec sa fiancée, qui avait décidé que la date fixée pour le mariage serait tenue secrète, que la cérémonie ne serait célébrée qu'en présence de témoins, qu'ils partiraient le soir même pour Rouen. et que le lendemain ils rendraient visite aux parents âgés du journaliste et passeraient plusieurs jours avec eux. Duroy avait tenté de persuader

Madeleine d'abandonner ce projet, mais n'ayant pas réussi dans ses efforts, il fut finalement contraint de se soumettre.

Le 10 mai arriva. Pensant qu'une cérémonie religieuse n'était pas nécessaire, puisqu'ils n'avaient pas lancé d'invitations, le couple se maria chez un magistrat et prit le train de six heures pour la Normandie.

Tandis que le train glissait, Duroy s'assit en face de sa femme, lui prit la main, la baisa et lui dit : « Quand nous reviendrons, nous dînerons quelquefois à Chatou. »

Elle murmura : « Nous aurons bien des choses à faire ! » d'un ton qui semblait dire : « Il faut sacrifier le plaisir au devoir. »

Il retint sa main, se demandant anxieusement comment il pourrait réussir à la caresser. Il lui pressa légèrement la main, mais elle ne répondit pas à la pression.

Il lui dit : « Il semble étrange que tu sois ma femme. »

Elle a semblé surprise : « Pourquoi ? »

« Je ne sais pas. Ça a l'air drôle. Je veux t'embrasser et je suis surpris d'en avoir le droit.

Elle lui offrit calmement sa joue qu'il baisa comme il eût embrassé celle de sa sœur. Il a poursuivi :

« La première fois que je t'ai vue (tu te rappelles, à ce dîner où j'étais invité chez Forestier), je me suis dit : « Sacristi, si seulement je pouvais trouver une femme comme ça ! » Et maintenant, j'en ai un.

Elle le regarda avec des yeux souriants.

Il se dit : « J'ai trop froid. Je suis stupide. Je devrais faire plus d'avances. Et il me demanda : « Comment avez-vous fait la connaissance de Forestier ? »

Elle répondit avec une arche provocante : « Allons-nous à Rouen pour parler de lui ? »

Il a colorié. « Je suis un imbécile. Vous m'intimidez.

Elle était ravie. « Moi ? C'est impossible.

Il s'assit à côté d'elle. Elle s'exclama : « Ah ! un cerf ! Le train passait à travers la forêt de Saint-Germain et elle avait vu un cerf effrayé dégager une allée d'un bond. Comme elle regardait par la fenêtre ouverte, Duroy, penché sur elle, lui déposa un baiser sur le cou. Pendant quelques instants, elle resta immobile, puis, levant la tête, elle dit : « Vous me chatouillez, arrêtez ! »

Mais il ne lui obéit pas.

Elle répéta : « Arrêtez, je dis ! »

Il saisit sa tête de la main droite, la tourna vers lui et pressa ses lèvres contre les siennes. Elle se débattit, le repoussa et répéta : « Arrêtez ! »

Il ne l'écouta pas. Avec un effort, elle se dégagea et, se levant, dit : « Georges, c'est fait. Nous ne sommes pas des enfants, nous arriverons bientôt à Rouen.

« Très bien, dit-il gaiement, j'attendrai. »

Se rasseyant près de lui, elle lui parla de ce qu'ils feraient à leur retour ; ils conserveraient les appartements où elle avait vécu avec son premier mari, et Duroy recevrait le poste de Forestier à la « Vie française ». Cependant, oubliant ses injonctions et sa promesse, il glissa son bras autour de sa taille, la serra contre lui et murmura : « Je t'aime tendrement, mon petit Made. »

La douceur de son ton émut la jeune femme, et, se penchant vers lui, elle lui offrit ses lèvres ; Ce faisant, un sifflement annonça la proximité de la gare. Repoussant quelques mèches égarées sur ses tempes, elle s'écria :

« Nous sommes stupides. »

Il lui baisa fiévreusement les mains et lui répondit :

« Je t'adore, mon petit Made. »

Arrivés à Rouen, ils se rendirent à un hôtel où ils passèrent la nuit. Le lendemain matin, quand ils eurent bu le thé posé sur la table de leur chambre, Duroy serra sa femme dans ses bras et lui dit : « Mon petit Made, je sens que je t'aime beaucoup, beaucoup. »

Elle sourit avec confiance et murmura en lui rendant ses baisers : « Je t'aime aussi, un peu. »

La visite chez ses parents inquiète Georges, bien qu'il ait préparé sa femme. Il reprit : « Vous savez que ce sont des paysans, de vrais paysans d'opéra-comique, pas des impostures. »

Elle sourit. — Je le sais, vous me l'avez dit assez souvent.

« Nous serons très inconfortables. Il n'y a qu'un lit de paille dans ma chambre ; ils ne savent pas ce que sont les matelas de poils à Canteleu.

Elle semblait ravie. « Tant mieux. Ce serait charmant de mal dormir... quand... près de vous... et d'être réveillé par le chant des coqs.

Il s'est dirigé vers la fenêtre et a allumé une cigarette. La vue du port, de la rivière remplie de navires l'émut et il s'écria : « Egad, mais c'est bien ! »

Madeleine le rejoignit et, posant ses deux mains sur l'épaule de son mari, s'écria : « Oh ! comme c'est beau ! Je ne savais pas qu'il y avait autant de navires !

Une heure plus tard, ils partaient pour déjeuner avec le vieux couple, qui avait été informé quelques jours auparavant de leur arrivée. Duroy et sa femme furent charmés par les beautés du paysage qui s'offrait à eux, et le cocher s'arrêta pour leur permettre de se faire une meilleure idée du panorama qui s'offrait à eux. Comme il fouettait son cheval, Duroy aperçut un vieux couple qui s'approchait à moins de cent mètres, et il sauta de la voiture en criant : « Les voici, je les connais. »

L'homme était petit, corpulent, fleuri et vigoureux, malgré son âge ; La femme était grande, maigre et mélancolique, les épaules voûtées, une femme qui avait travaillé dès l'enfance, qui n'avait jamais ri ni plaisanté.

Madeleine descendit aussi et regarda le couple s'avancer, avec une contraction de cœur qu'elle n'avait pas prévue. Ils ne reconnaissaient pas leur fils dans ce brave gentilhomme, et ils n'auraient jamais pris cette belle dame pour leur belle-fille. Ils marchaient, passaient devant l'enfant qu'ils attendaient, sans jeter un coup d'œil aux « gens de la ville ».

Georges s'écria en riant : « Bonjour, père Duroy. »

Le vieillard et sa femme restèrent muets d'étonnement ; celle-ci reprit d'abord possession d'elle-même et demanda : « C'est toi, mon fils ? »

Le jeune homme répondit : « Oui, c'est moi, mère Duroy », et s'approchant d'elle, il l'embrassa sur les deux joues et lui dit : « Voici ma femme. »

Les deux rustiques regardaient Madeleine comme si elle eût été une curiosité, avec une crainte anxieuse qui se mêlait à une sorte d'approbation satisfaite de la part du père et d'inimitié jalouse de la part de la mère.

M. Duroy père, qui était naturellement jovial, s'enhardit à demander avec une étincelle dans les yeux : « Puis-je vous embrasser aussi ? » Son fils poussa une exclamation, et Madeleine offrit sa joue au vieux paysan ; qui ensuite s'essuya les lèvres avec le dos de sa main. La vieille femme, à son tour, embrassa sa belle-fille avec une réserve hostile. Son idéal était une grosse fille de campagne, rose, rouge comme une pomme et ronde.

La voiture les précédait avec les bagages. Le vieil homme prit le bras de son fils et lui demanda : « Comment vas-tu ? »

« Très bien. »

— C'est exact. Dites-moi, votre femme a-t-elle des moyens ?

Georges répondit : « Quarante mille francs. »

Son père siffla doucement et murmura : « Ouf ! » Puis il ajouta : « C'est une belle femme. » Il admirait la femme de son fils et, en son temps, s'était considéré comme un connaisseur.

Madeleine et la mère marchaient côte à côte en silence ; Les deux hommes les rejoignirent. Ils arrivèrent bientôt au village, à l'entrée duquel se trouvait la taverne de M. Duroy. Une planche de pin fixée sur la porte indiquait que des personnes assoiffées pouvaient entrer. La table était mise. Un voisin, qui était venu l'aider, fit une basse politesse en voyant apparaître une si belle dame ; puis, reconnaissant Georges, elle s'écria : « Ô Seigneur, c'est toi ? »

Il répondit gaiement : « Oui, c'est moi, mère Brulin », et il l'embrassa comme il avait embrassé son père et sa mère. Puis il se tourna vers sa femme :

« Entrez dans notre chambre, dit-il, vous pouvez mettre de côté votre chapeau. »

Ils passèrent par une porte à droite et entrèrent dans une pièce pavée de briques, aux murs blanchis à la chaux et au lit avec des tentures de coton.

Un crucifix au-dessus d'un bassin d'eau bénite et deux estampes coloriées, représentant Paul et Virginie sous un palmier bleu, et Napoléon Ier sur un cheval jaune, étaient les seuls ornements de cette chambre soignée mais nue.

Lorsqu'ils furent seuls, Georges embrassa Madeleine.

"Bonjour, Made ! Je suis heureux de revoir les personnes âgées. Quand on est à Paris, on ne pense pas à ce lieu, mais quand on y revient, on en jouit tout de même.

À ce moment-là, son père s'écria en frappant du poing sur la cloison : « Viens, la soupe est prête. »

Ils rentrèrent dans la grande salle publique et prirent place à la table. Le repas fut long, servi d'une manière vraiment rustique. Le père Duroy, égayé par le cidre et plusieurs verres de vin, raconta bien des anecdotes, tandis que Georges, à qui elles étaient toutes familières, s'en moquait.

La mère Duroy ne parla pas, mais elle s'assit à la table, sombre et austère, jetant un regard sur sa belle-fille avec de la haine dans le cœur.

Madeleine ne parlait pas, ne mangeait pas ; Elle était déprimée. C'est pourquoi? Elle avait voulu venir ; Elle savait qu'elle arrivait dans une maison simple ; Elle ne s'était pas fait d'idées poétiques sur ces paysans, mais peut-être s'attendait-elle à les trouver un peu plus polis, plus raffinés. Elle se rappela sa propre mère, dont elle n'avait jamais parlé à personne, une gouvernante qui avait été trahie et qui était morte de chagrin et de honte quand Madeleine avait douze ans. Un étranger avait fait instruire la petite fille. Son père, sans doute. Qui était-il ? Elle ne savait pas positivement, mais elle avait de vagues soupçons.

Le repas n'était pas encore fini, que les clients entrèrent, tinrent la main de M. Duroy, s'exclamèrent en voyant son fils, et, s'asseyant aux tables de bois, se mirent à boire, à fumer et à jouer aux dominos. La fumée des pipes en argile et des cigares à un sou remplissait la pièce.

Madeleine s'étrangle et demande : « On peut sortir ? Je ne peux pas rester ici plus longtemps.

Le vieux Duroy grommelait d'être dérangé. Madeleine se leva et posa sa chaise à la porte pour attendre que son beau-père et sa femme eussent fini leur café et leur vin.

Georges ne tarda pas à la rejoindre.

« Voulez-vous vous promener jusqu'à la Seine ? »

Elle s'écria joyeusement : « Oui. »

Ils descendirent le flanc de la colline, louèrent un bateau à Croisset, et passèrent le reste de l'après-midi sous les saules dans l'air doux et chaud du printemps, doucement bercés par les vagues ondulantes de la rivière. Ils revinrent à la tombée de la nuit. Le repas du soir à la lueur des chandelles fut plus douloureux pour Madeleine que celui du matin. Ni le père Duroy ni sa femme ne parlèrent. Quand le repas fut terminé, Madeleine fit sortir son mari pour ne pas avoir à rester dans cette chambre dont l'atmosphère était lourde de fumée et de vapeurs de liqueur.

Quand ils furent seuls, il dit : « Vous êtes déjà fatigués. »

Elle a tenté de protester ; Il l'interrompit :

« Je l'ai vu. Si tu le souhaites, nous partirons demain.

Elle murmura : « Je voudrais y aller. »

Ils marchèrent et s'engagèrent dans un sentier étroit entre de grands arbres, entouré de chaque côté par des broussailles impénétrables.

Elle a demandé : « Où sommes-nous ? »

Il me répondit : « Dans la forêt, l'une des plus grandes de France. »

Madeleine, en levant la tête, voyait les étoiles entre les branches et entendait le bruissement des feuilles. Elle se sentait étrangement nerveuse. Pourquoi, elle ne pouvait pas le dire.

Elle semblait perdue, entourée de périls, abandonnée, seule, sous ce vaste ciel voûté.

Elle murmura : « J'ai peur ; Je voudrais revenir.

« Très bien, nous le ferons. »

À leur retour, ils trouvèrent les vieillards au lit. Le lendemain matin, Madeleine se leva de bonne heure et fut prête à partir au point du jour. Lorsque Georges a annoncé à ses parents qu'ils allaient rentrer à la maison, ils ont deviné à qui appartenait-il.

Son père demanda simplement : « Te reverrai-je bientôt ? »

— Oui, en été.

« Très bien. »

Sa mère grommela : « J'espère que tu ne regretteras pas ce que tu as fait. »

Georges leur donna deux cents francs pour les apaiser, et le fiacre arrivant à dix heures, les époux embrassèrent les vieux paysans et se mirent en route.

Comme ils descendaient le flanc de la colline, Duroy se mit à rire. « Voyez-vous, dit-il, je vous ai prévenu. Je n'aurais cependant pas dû vous présenter à M. et à Mme du Roy de Cantel père.

Elle rit aussi et répondit : « Je suis sous le charme maintenant ! Ce sont des gens sympas que je commence à beaucoup apprécier. Je leur enverrai des confiseries de Paris. Puis elle murmura : « Du Roy de Cantel. Nous dirons que nous avons passé une semaine chez tes parents, » et, s'approchant de lui, elle l'embrassa en disant :

« Bonjour, Georges. »

Il répondit : « Bonjour, Madeleine », en glissant son bras autour de sa taille.

CHAPITRE X.
JALOUSIE

Les Du Roy étaient à Paris depuis deux jours et le journaliste avait repris son travail ; il avait renoncé à sa province pour prendre celle de Forestier et se consacrer entièrement à la politique. Ce soir-là, il tourna ses pas vers la maison le cœur léger. En passant devant chez un fleuriste de la rue Notre-Dame de Lorette, il achète un bouquet de roses mi-ouvertes pour Madeleine. Ayant oublié sa clé, arrivé à sa porte, il sonna et le domestique répondit à son appel.

Georges demanda : « Madame est-elle chez elle ? »

– Oui, monsieur.

Dans la salle à manger, il s'arrêta étonné en voyant des couverts pour trois : la porte du salon étant entrouverte, il vit Madeleine arranger dans un vase sur la cheminée un bouquet de roses semblables aux siennes.

Il entra dans la pièce et demanda : « Avez-vous invité quelqu'un à dîner ? »

Elle répondit sans tourner la tête et en continuant l'arrangement de ses fleurs : — Oui et non : c'est mon vieil ami, le comte de Vaudrec, qui a l'habitude de dîner ici tous les lundis et qui viendra maintenant comme il l'a toujours fait.

Georges murmura : — Très bien.

Il s'arrêta derrière elle, le bouquet à la main, le désir fort en lui de le cacher, de le jeter. Cependant, il a déclaré :

« Ici, je t'ai apporté des roses ! »

Elle se tourna vers lui en souriant et lui dit : « Ah, comme vous êtes prévenant ! » et elle l'embrassa avec une affection si évidente qu'il se sentit consolé.

Elle prit les fleurs, inhala leur parfum et les mit dans un vase vide. Puis elle dit en notant l'effet : « Maintenant, je suis satisfaite ; ma cheminée est jolie, ajoutant, d'un air convaincu :

« Le vaudrec est charmant ; vous deviendrez intime avec lui tout de suite.

Un anneau annonça le comte. Il entra comme s'il était chez lui. Après avoir galamment baisé la main de Mme Du Roy, il se tourna vers son mari et lui tendit cordialement la sienne en lui disant : « Comment allez-vous, mon cher Du Roy ? »

Il n'avait plus cet air hautain, mais il était très affable. On aurait cru, au bout de cinq minutes, que les deux hommes se connaissaient depuis dix ans. Madeleine, dont le visage était radieux, lui dit : « Je vous laisserai ensemble. J'ai du travail à surveiller dans la cuisine. Le dîner fut excellent et le comte resta très tard. Quand il fut parti, Madeleine dit à son mari : « N'est-il pas gentil ? Il s'améliore aussi en faisant connaissance. C'est un bon ami, un ami fidèle et véritable. Ah, sans lui...

Elle n'acheva pas sa phrase et Georges lui répondit : « Oui, il est très aimable, je pense qu'on s'entendra bien. »

« Vous ne savez pas, dit-elle, que nous avons du travail à faire ce soir avant de nous coucher. Je n'ai pas eu le temps de vous le dire avant le dîner, car Vaudrec est venu. Laroche-Mathieu m'a apporté des nouvelles importantes du Maroc. Nous devons en faire un excellent article. Mettons-nous au travail tout de suite. Venez, prenez la lampe.

Il porta la lampe et ils entrèrent dans le bureau. Madeleine s'appuya contre la cheminée, et, ayant allumé une cigarette, elle lui annonça la nouvelle et lui donna son plan d'article. Il l'écouta attentivement, prenant des notes pendant qu'elle parlait, et quand elle eut fini, il souleva des objections, reprit la question et, à son tour, élabora un autre plan. Sa femme cessa de fumer, car elle s'intéressait à suivre la ligne de pensée de Georges. De temps en temps, elle murmurait : « Oui, oui ; très bien, excellent, très énergique... Et quand il eut fini de parler, elle dit : « Maintenant, écrivons. »

Il lui était toujours difficile de commencer et elle se penchait par-dessus son épaule et lui chuchotait les phrases à l'oreille, puis il ajoutait quelques lignes ; une fois leur article terminé, Georges le relit. Lui et Madeleine le trouvaient admirable et s'embrassaient avec une admiration passionnée.

L'article parut sous la signature de « G. du Roy de Cantel » et fit grande sensation. M. Walter félicita l'auteur, qui devint bientôt célèbre dans les cercles politiques. Sa femme aussi le surprenait par l'ingénuité de son esprit, l'habileté de son esprit et le nombre de ses connaissances. Presque à chaque fois qu'il rentrait chez lui, il trouvait dans son salon un sénateur, un député, un magistrat ou un général qui traitait Madeleine avec une profonde familiarité.

Le député Laroche-Mathieu, qui dînait rue Fontaine tous les mardis, était l'un des plus importants actionnaires du journal de M. Walter et le collègue et associé de ce dernier dans de nombreuses transactions commerciales. Du Roy espéra, plus tard, que quelques-uns des avantages qu'il avait promis à Forestier pourraient lui revenir. Ils seraient donnés au nouveau mari de Madeleine, c'était tout, rien n'était changé ; même ses associés l'appelaient parfois Forestier, ce qui rendait Du Roy furieux contre les morts. Il en vint à haïr ce nom ; C'était presque pour lui une insulte. Même à la maison, l'obsession a continué ; toute la maison lui rappelait Charles.

Un soir, Du Roy, qui aimait les sucreries, demanda :

« Pourquoi n'avons-nous jamais de bonbons ? »

Sa femme lui répondit plaisamment : « Je n'y pense jamais, parce que Charles ne les aimait pas. »

Il l'interrompit d'un geste d'impatience : « Savez-vous que je commence à me lasser de Charles ? C'est Charles ici, Charles là, Charles a aimé ceci, Charles a aimé cela. Puisque Charles est mort, qu'il repose en paix.

Madeleine attribua l'éclat de mauvaise humeur de son mari à une jalousie puérile, mais elle fut flattée et ne répondit pas. En se retirant, hanté par la même pensée, il demanda :

« Charles portait-il un bonnet de nuit en coton pour éviter que le courant d'air ne lui tombe dans les oreilles ? »

Elle m'a répondu plaisamment : « Non, une dentelle ! »

Georges haussa les épaules et dit avec dédain : « Quel oiseau !»

Depuis ce temps-là, Georges n'appela plus Charles que « pauvre Charles », avec un accent d'une pitié infinie. Un soir, alors que Du Roy fumait une cigarette à sa fenêtre, vers la fin de juin, la chaleur éveilla en lui le désir de prendre l'air. Il a demandé :

« Mon petit Made, veux-tu aller jusqu'au Bois ? »

— Oui, certainement.

Ils prirent une calèche ouverte et se rendirent à l'avenue du Bois de Boulogne. C'était une soirée étouffante ; Une foule de fiacres bordaient l'allée, les uns derrière les autres. Quand la voiture de Georges et de Madeleine arriva au tournant qui conduisait aux fortifications, ils s'embrassèrent et Madeleine balbutia confuse : « Nous sommes aussi puérils que nous l'étions à Rouen. »

La route qu'ils suivaient n'était pas si fréquentée, une brise douce faisait bruisser les feuilles des arbres, le ciel était constellé d'étoiles brillantes et Georges murmurait, en serrant sa femme contre sa poitrine : « Oh ! mon petit Made ! »

Elle lui dit : « Vous rappelez-vous combien la forêt de Canteleu était sombre ? Il me semblait qu'elle était pleine d'horribles bêtes et que c'était interminable, tandis qu'ici elle est charmante. On sent les brises caressantes, et je sais que Sèvres est de l'autre côté.

Il répondit : « Dans nos forêts, il n'y a que des cerfs, des renards, des chevreuils et des sangliers, avec çà et là une maison de forestier. » Il s'arrêta un instant, puis demanda : « Venez-vous ici le soir avec Charles de temps en temps ? »

Elle a répondu : « Fréquemment. »

Il éprouvait le désir de rentrer chez lui tout de suite. L'image de Forestier le hantait cependant ; Il ne pouvait penser à rien d'autre. La calèche roula vers l'Arc de Triomphe et rejoignit le flot de calèches qui rentraient chez elles. Comme Georges gardait le silence, sa femme, qui devinait ses pensées, lui demanda de sa voix douce : « À quoi pensez-vous ? Depuis une demi-heure, tu n'as pas prononcé un mot.

Il répondit en ricanant : « Je pense à tous ces imbéciles qui s'embrassent, et je crois vraiment qu'il y a autre chose à faire dans la vie. »

Elle murmura : « Oui, mais c'est sympa parfois ! C'est bien quand on n'a rien de mieux à faire.

La pensée de Georges était occupée par les morts ; il se dit en lui-même avec colère : « Je suis insensé de m'inquiéter, de me tourmenter comme je l'ai fait. » Après s'être ainsi montré, il se réconcilia avec la pensée de Forestier, et eut envie de s'écrier : « Bonsoir, mon vieux ! »

Madeleine, qui s'ennuyait de son silence, demanda : « Irons-nous chercher des glaces chez Tortoni avant de rentrer chez nous ? »

Il la regarda de son coin et pensa : « Elle est jolie ; tant mieux. Du tac au tac, mon camarade. Mais s'ils recommencent à m'ennuyer avec vous, il fera un peu chaud au pôle Nord !

Puis il répondit : « Certainement, ma chérie », et avant qu'elle n'ait eu le temps de réfléchir, il l'embrassa. Il sembla à Madeleine que les lèvres de son mari étaient glacées. Cependant, il sourit comme d'habitude et lui tendit la main pour l'aider à descendre au café.

CHAPITRE XI.

MADAME WALTER PREND LA MAIN

En entrant dans le bureau le lendemain, Du Roy alla chercher Boisrenard et lui dit d'avertir ses associés de ne pas continuer la farce de l'appeler Forestier, sinon il y aurait la guerre. Lorsque Du Roy est revenu une heure plus tard, personne ne l'a appelé par ce nom. Du bureau, il se rendit chez lui, et, entendant des voix de dames dans le salon, il demanda au domestique : « Qui est ici ? »

— Mme Walter et Mme de Marelle, répondirent-elles.

Son cœur battait violemment lorsqu'il ouvrit la porte. Clotilde était assise près de la cheminée ; il sembla à Georges qu'elle pâlissait en l'apercevant.

Après avoir salué Mme Walter et ses deux filles assises comme des sentinelles à côté d'elle, il se tourna vers son ancienne maîtresse. Elle lui tendit la main ; il l'a prise et l'a pressée comme pour dire : « Je t'aime toujours ! » Elle lui rendit la pression.

Il m'a dit : « Allez-vous bien depuis notre dernière rencontre ?»

— Oui ; n'est-ce pas, Bel-Ami ? Et, se tournant vers Madeleine, elle ajouta : « Voulez-vous me permettre de l'appeler Bel-Ami ? »

– Certainement, ma chère ; Je permettrai tout ce que tu voudras.

Une nuance d'ironie se cachait sous ces mots, prononcés si agréablement.

Mme Walter parla d'un match d'escrime qui devait être donné dans les appartements de Jacques Rival, dont le produit devait être consacré à des œuvres de charité, et auquel beaucoup de dames du monde allaient assister. Elle a déclaré : « Ce sera très divertissant ; mais je suis désespérée, car nous n'avons personne pour nous escorter, mon mari ayant un engagement.

Du Roy offrit immédiatement ses services. Elle a accepté en disant : « Mes filles et moi serons très reconnaissantes. »

Il jeta un coup d'œil à la plus jeune des deux filles et pensa : « La petite Suzanne n'est pas mauvaise du tout, pas du tout. »

Elle ressemblait à une poupée, étant très petite et délicate, avec une forme bien proportionnée, un joli visage délicat, des yeux bleu-gris, une peau claire et des cheveux bouclés et lin. Sa sœur aînée, Rose, était simple, une de ces filles auxquelles on ne prête jamais attention. Sa mère se leva, et, se tournant vers Georges, lui dit : « Je compterai sur vous jeudi prochain à deux heures. »

Il répondit : « Comptez sur moi, Madame. »

Quand la porte se referma sur Mme Walter, Mme de Marelle, à son tour, se leva.

"Au revoir, Bel-Ami."

Cette fois, elle lui serra la main et il fut ému par cet aveu silencieux. « J'irai la voir demain », pensa-t-il.

Restée seule avec sa femme, elle se mit à rire, et, le regardant dans les yeux, elle lui dit : « Mme Walter s'est prise d'affection pour vous ! »

Il a répondu incrédule : « C'est absurde ! »

"Mais je le sais. Elle m'a parlé de vous avec beaucoup d'enthousiasme. Elle a dit qu'elle aimerait trouver deux maris comme vous pour ses filles. Heureusement, elle n'est pas susceptible elle-même.

Il ne la comprenait pas et répéta : « Susceptible elle-même ? »

Elle répondit d'un ton de conviction : « Oh ! Mme Walter est irréprochable. Son mari, vous le connaissez aussi bien que moi. Mais elle est différente. Cependant elle a beaucoup souffert d'avoir épousé un Juif, bien qu'elle lui ait été fidèle ; c'est une femme vertueuse.

Du Roy fut surpris : « Je la prenais pour une juive. »

« C'est une juive ! Non, en effet ! Elle est la première instigatrice de tous les mouvements caritatifs à la Madeleine. Elle a même été mariée par un prêtre. Je ne suis pas sûr que M. Walter n'ait pas passé par la forme du baptême.

Georges murmura : — Et... elle... m'aime...

« Oui. Si vous n'étiez pas marié, je vous conseillerais de demander la main de... Suzanne... ne la préféreriez-vous pas à Rose ?

Il répondit en se tordant la moustache : « Hein ! La mère n'est pas si mal !

Madeleine a répondu : « Je n'ai pas peur d'elle. À son âge, on ne commence pas à faire des conquêtes, il faut commencer plus tôt.

Georges pensa : « Si j'aurais pu avoir Suzanne, ah ! » Puis il haussa les épaules : « Bah, c'est absurde ; son père n'aurait pas consenti.

Il résolut de traiter Mme Walter avec beaucoup de considération afin de conserver son estime. Toute la soirée, il fut hanté par le souvenir de son amour pour Clotilde ; Il se rappelait leurs escapades, sa gentillesse. Il se répéta en lui-même : « Elle est vraiment gentille. Oui, je la rendrai visite demain.

Après avoir déjeuné le lendemain matin, il se rendit rue Verneuil. La même femme de chambre ouvrit la porte, et, avec la familiarité d'une vieille servante, elle demanda : « Monsieur se porte-t-il ? »

Il répondit : « Oui, mon enfant », et il entra dans le salon où l'on s'exerçait à la gamme. C'était Laurine. Il s'attendait à ce qu'elle tombe à son cou. Cependant, elle se leva cérémonieusement, s'inclina froidement et sortit de la chambre avec dignité ; Ses manières ressemblaient tellement à celles d'une femme outragée qu'il en fut stupéfait. Sa mère entra. Il lui baisa la main.

« Combien j'ai pensé à vous », dit-il.

« Et moi de vous », a-t-elle répondu.

Ils se sont assis et ont souri en se regardant dans les yeux.

« Ma chère petite Clo, je t'aime. »

« Et je t'aime. »

— Pourtant, toujours, je ne vous ai pas manqué.

« Oui et non. J'étais peiné, mais quand j'ai entendu votre raison, je me suis dit : « Bah, il reviendra vers moi un jour. »

« Je n'ai pas osé venir. Je ne savais pas comment je serais reçu. Je n'osais pas, mais j'avais envie de venir. Maintenant, dites-moi ce qui afflige Laurine ; Elle m'a à peine dit bonjour et a quitté la chambre d'un air fâché.

— Je ne sais pas, mais on ne peut pas lui parler de vous depuis votre mariage ; Je crois vraiment qu'elle est jalouse.

« C'est absurde. »

— Oui, ma chère, elle ne vous appelle plus Bel-Ami, mais M. Forestier.

Du Roy rougit, puis, s'approchant de la jeune femme, il dit : « Embrasse-moi. »

Elle lui obéit.

« Où pouvons-nous nous revoir ? » a-t-il demandé.

— Rue de Constantinople.

« Ah, les appartements ne sont pas loués ? »

« Non, je les ai gardés. »

« Tu l'as fait ? »

« Oui, je pensais que tu reviendrais. »

Son cœur bondit de joie. Elle l'aimait alors d'un amour durable ! Il a chuchoté : « Je t'adore. » Puis il demanda : « Votre mari se porte-t-il bien ? »

— Oui, très bien. Il vient de rentrer chez lui depuis un mois ; Il est parti avant-hier.

Du Roy ne put réprimer un sourire : « Comme cela arrive toujours opportunément ! »

Elle lui répond naïvement : « Oui, cela arrive opportunément, mais il n'est pas sur le chemin quand il est ici ; n'est-ce pas ?

— C'est vrai ; C'est un homme charmant !

« Comment aimez-vous votre nouvelle vie ? »

— Assez ; Ma femme est une camarade, une associée, rien de plus ; quant à mon cœur...

« Je comprends ; mais elle est bonne.

— Oui, elle ne me dérange pas.

Il s'approcha de Clotilde et murmura : « Quand nous reverrons-nous ? »

— Demain, si vous voulez.

— Oui, demain à deux heures.

Il se leva pour prendre congé, un peu embarrassé.

— Vous savez que j'ai l'intention de reprendre moi-même les chambres de la rue de Constantinople. Je le souhaite ; Il n'est pas nécessaire que vous les payiez.

Elle lui baisa les mains en disant : « Tu peux faire ce que tu veux. Je suis satisfait de les avoir gardés jusqu'à ce que noüs nous revoyions. Et Du Roy prit congé très satisfait.

Le jeudi venu, il demanda à Madeleine : « Tu vas à l'escrime chez Rival ? »

« Non, je m'en fiche. J'irai à la Chambre des députés.

Georges appela Mme Walter dans une voiture découverte, car le temps était délicieux. Il fut surpris de la trouver si belle et si jeune. Jamais elle n'avait paru aussi fraîche. Sa fille, Suzanne, était vêtue de rose ; Sa sœur avait l'air d'une gouvernante. À la porte de Rival se trouvait une longue file de voitures. Du Roy offrit le bras à Mme Walter et ils entrèrent.

Le divertissement était au profit des orphelins de la sixième paroisse, sous le patronage de toutes les ruses des sénateurs et des députés qui étaient liés à la « Vie française ».

Jacques Rival reçut les arrivants à l'entrée de ses appartements, puis il montra un petit escalier qui conduisait à la cave où se trouvaient son stand de tir et sa salle d'escrime, en disant : « En bas, mesdames, en bas. Le match aura lieu dans les appartements souterrains.

Serrant la main de Du Roy, il dit : « Bonsoir, Bel-Ami. »

Du Roy a été surpris : « Qui vous a parlé de ce nom ? »

Rival répondit : « Mme Walter, qui trouve cela très joli. »

Mme Walter rougit.

— Oui, j'avoue que si je vous connaissais mieux, je ferais comme la petite Laurine, et je vous appellerais aussi Bel-Ami. Cela vous convient admirablement.

Du Roy a ri. — Je vous en prie, madame.

Elle baissa les yeux. — Non, nous ne nous connaissons pas assez.

Il murmura : « Permettez-moi d'espérer que nous le deviendrons. »

— Eh bien, nous verrons, dit-elle.

Ils descendirent l'escalier et entrèrent dans une grande pièce éclairée par des lanternes vénitiennes et décorée de festons de gaze. Presque tous les bancs étaient remplis de dames, qui bavardaient comme si elles étaient au théâtre. Mme Walter et ses filles rejoignirent leurs sièges au premier rang.

Du Roy, leur ayant obtenu leurs places, murmura : « Je serai obligé de vous quitter ; les hommes ne peuvent pas occuper les sièges.

Mme Walter répondit avec hésitation : « Je voudrais tout de même vous garder. Vous pourriez me dire les noms des participants. Voyez, si vous vous tenez au bout du siège, vous n'ennuierez personne. Elle leva ses grands yeux doux vers les siens et insista : « Viens, reste avec nous, Bel-Ami, nous avons besoin de toi ! »

Il répondit : « J'obéis avec plaisir, Madame ! »

Tout à coup, la voix de Jacques Rival annonça : « Nous allons commencer, mesdames. »

Puis suivit le match d'escrime. Du Roy garda sa place à côté des dames et leur donna tous les renseignements nécessaires. Quand la fête fut finie et que tous les frais furent payés, il resta deux cent vingt francs pour les orphelins de la sixième paroisse.

Du Roy, escortant les Walters, attendait sa voiture. Lorsqu'il fut assis face à face avec Mme Walter, il rencontra son regard troublé mais caressant.

« Egad, je crois qu'elle est affectée, pensa-t-il ; et il sourit en reconnaissant qu'il réussissait vraiment avec le sexe féminin, car Mme de Marelle, depuis le renouveau de leurs relations, semblait l'aimer à la folie.

Le cœur léger, il rentra chez lui. Madeleine l'attendait dans le salon.

« J'ai des nouvelles, dit-elle. "La liaison avec le Maroc se complique. La France peut y envoyer une expédition dans quelques mois. De toute façon, le ministère sera renversé et Laroche profitera de l'occasion.

Du Roy, pour faire sortir sa femme, fit semblant de ne pas y croire. « La France ne serait pas assez bête pour commencer une folie avec Tunis ! »

Elle haussa les épaules avec impatience. — Je vous dis qu'elle le fera ! Vous ne comprenez pas qu'il s'agit d'argent, vous êtes aussi simple que Forestier.

Son but était de le blesser et de l'irriter, mais il se contenta de sourire et de répondre : « Quoi ! aussi simple que ce stupide garçon ?

Elle s'arrêta et murmura : « Oh ! Georges ! »

Il ajouta : « Pauvre diable ! » d'un ton de profonde pitié.

Madeleine lui tourna le dos avec dédain ; après un moment de silence, elle continua : « Nous aurons de la compagnie mardi. Mme Laroche-Mathieu vient dîner ici avec la vicomtesse de Percemur. Allez-vous inviter Rival et Norbert de Varenne ? J'irai demain chez Mme Walter et de Marelle. Peut-être aussi aurons-nous Mme Rissolin.

Du Roy répondit : « Très bien, je vais m'occuper de Rival et de Norbert. »

Le lendemain, il pensait qu'il anticiperait la visite de sa femme chez Mme Walter et qu'il essaierait de savoir si elle était vraiment amoureuse de lui. Il arriva boulevard Malesherbes à deux heures. On l'introduisit dans le salon et il attendit. Enfin, Mme Walter apparut et lui tendit cordialement la main. « Quel bon vent vous souffle ici ? »

« Pas de bon vent, mais le désir de vous voir. Une puissance m'a poussé ici, je ne sais pas pourquoi ; Je n'ai rien à dire, si ce n'est que je suis venu ; Je suis là! Pardonnez l'appel du matin et la franchise de mon explication.

Il prononça ces mots avec un sourire sur les lèvres et un accent sérieux dans la voix.

Dans son étonnement, elle balbutia en rougissant : « Mais, en vérité, je ne comprends pas, vous me surprenez. »

Il a ajouté : « C'est une déclaration faite en plaisantant pour ne pas vous effrayer. »

Ils étaient assis l'un près de l'autre. Elle a pris l'affaire comme une plaisanterie. — Est-ce une déclaration, sérieusement ?

— Oui, il y a longtemps que j'ai voulu le faire, mais je n'ai pas osé ; On dit que vous êtes si austère, si rigide.

Elle avait repris possession d'elle-même et répondit :

— Pourquoi avez-vous choisi aujourd'hui ?

« Je ne sais pas. » Puis il baissa la voix : « Ou plutôt parce que je ne pense qu'à toi depuis hier. »

Pâlissant soudain, elle haleta : « Allons, assez de cette puérilité ! Parlons d'autre chose.

Mais il tomba à genoux devant elle. Elle essaya de se lever ; il l'en empêcha en lui passant ses bras autour de la taille, et répéta d'une voix passionnée : « Oui, il est vrai que je vous aime à la folie depuis quelque temps. Ne me répondez pas. Je suis fou, je t'aime. Oh, si tu savais combien je t'aime !

Elle ne pouvait prononcer aucun son ; Dans son agitation, elle le repoussa des deux mains, car elle sentait son souffle sur sa joue. Il se leva brusquement et essaya de l'embrasser, mais reprenant un instant sa liberté, elle lui échappa et courut de chaise en chaise. Jugeant une telle poursuite au-dessous de sa dignité, il s'affaissa sur une chaise, enfouit son visage dans ses mains et feignit de sangloter convulsivement. Puis il se leva et cria :

« Adieu, adieu ! » et s'enfuit.

Dans le hall, il prit calmement sa canne et sortit de la maison en disant : « Cristi ! Je crois qu'elle m'aime !

Il se rendit aussitôt au bureau du télégraphe pour envoyer un message à Clotilde, fixant un rendez-vous pour le lendemain.

En entrant dans la maison à l'heure habituelle, il dit à sa femme : « Eh bien, tout le monde vient-il dîner ? »

Elle répondit : « Oui, tous, sauf Mme Walter, qui n'est pas sûre de pouvoir venir. Elle a agi d'une manière très étrange. Peu importe, peut-être qu'elle peut y arriver de toute façon.

Il a répondu : « Elle viendra. »

Il n'en était cependant pas certain et fut mis dans l'inquiétude jusqu'au jour du dîner. Ce matin-là, Madeleine reçut un message de Mme Walter à cet effet : « J'ai réussi à arranger les choses et je serai avec vous, mais mon mari ne peut pas m'accompagner.»

Du Roy pensa : « J'ai bien fait de ne pas y retourner. Elle s'est calmée. Cependant, il attendait son arrivée avec anxiété.

Elle paraissait très posée, un peu réservée et hautaine. Il était très humble, très prudent et soumis. Mme Laroche-Mathieu et Mmes Rissolin étaient accompagnées de leurs maris. Mme de Marelle avait l'air envoûtante dans un étrange mélange de jaune et de noir.

À la droite de Du Roy était assise Mme Walter, qui ne lui parlait que de choses sérieuses avec un respect exagéré. De temps en temps, il jetait un coup d'œil sur Clotilde.

« Elle est vraiment très jolie et fraîche », pensa-t-il. Mais Mme Walter l'attira par la difficulté de la conquête. Elle prit congé de bonne heure.

« Je vais vous escorter », dit-il.

Elle a décliné son offre. Il a insisté : « Pourquoi ne voulez-vous pas de moi ? Vous me blessez profondément. Ne me laissez pas sentir que je ne suis pas pardonné. Vous voyez que je suis calme.

Elle me répondit : « Vous ne pouvez pas laisser vos invités ainsi. »

Il sourit : « Bah ! Je serai absent vingt minutes. Personne ne le remarquera même ; Si tu me refuses, tu me briseras le cœur.

« Très bien, murmura-t-elle, j'accepte. »

Lorsqu'ils furent assis dans la voiture, il lui saisit la main, et, la baisant passionnément, il lui dit : « Je t'aime, je t'aime. Laissez-moi vous le dire. Je ne te toucherai pas. Je veux seulement vous répéter que je vous aime.

Elle balbutia : « Après ce que vous m'avez promis, c'est dommage, dommage. »

Il parut faire un grand effort, puis il continua d'une voix douce : « Voyez, comme je peux me contrôler... et pourtant... permettez-moi seulement de vous dire ceci : je vous aime... oui, laissez-moi rentrer chez vous et m'agenouiller devant vous cinq minutes pour prononcer ces trois mots et contempler votre visage bien-aimé. »

Elle lui laissa prendre la main et lui répondit d'un accent entrecoupé : — Non, je ne peux pas, je ne veux pas. Pensez à ce que diraient mes domestiques, mes filles, non, non, c'est impossible.

Il a poursuivi : « Je ne peux pas vivre sans vous voir ; que ce soit chez vous ou ailleurs, il faut que je vous voie un instant par jour pour toucher votre main, respirer l'air que remue votre robe, contempler les contours de votre forme et voir vos beaux yeux.

Elle écouta en tremblant le langage musical de l'amour, et répondit : « Non, c'est impossible. Taisez-vous !

Il parlait très bas ; Il lui murmura à l'oreille, comprenant qu'il était nécessaire de gagner cette femme simple peu à peu, de la persuader de fixer un rendez-vous où elle le voudrait d'abord, et plus tard où il le voudrait.

« Écoutez : il faut que je vous voie ! Je vous attendrai à votre porte comme un mendiant. Si tu ne descends pas, je viendrai à toi, mais je te verrai demain.

Elle répéta : « Non, ne venez pas. Je ne te recevrai pas. Pensez à mes filles !

— Alors, dites-moi où je peux vous rencontrer, dans la rue, peu importe où, à n'importe quelle heure, pourvu que je puisse vous voir. Je vous saluerai ; Je dirai : je t'aime ; et puis s'en aller.

Elle hésita, presque distraite. Comme le coupé s'arrêtait à la porte, elle murmura précipitamment : « Je serai à la Trinité demain, à trois heures et demie. »

Descendue, elle dit à son cocher : « Ramenez M. du Roy chez moi. »

Quand il revint, sa femme lui demanda : « Où étais-tu ? »

Il répondit à voix basse : « Je suis allé envoyer un télégramme important. »

Mme de Marelle s'approcha de lui : « Il faut que vous me rameniez chez vous, Bel-Ami ; vous savez que je ne dîne que si loin de chez moi à cette condition. Se tournant vers Madeleine, elle lui demanda : « Vous n'êtes pas jalouse ? »

Mme du Roy répondit lentement : « Non, pas du tout. »

Les invités sont partis. Clotilde, enveloppée de dentelles, dit tout bas à Madeleine à la porte : « Votre dîner a été parfait. Dans peu de temps, vous aurez le meilleur salon politique de Paris.

Quand elle fut seule avec Georges, elle lui dit : « Oh ! mon cher Bel-Ami, je t'aime chaque jour plus tendrement. »

Le fiacre se mit en marche, et les pensées de Georges se portèrent sur Mme Walter.

CHAPITRE XII.

UNE RENCONTRE ET LE RÉSULTAT

Le soleil de juillet brillait sur la place de la Trinité, presque déserte. Du Roy tira sa montre. Il n'était que trois heures, il était une demi-heure trop tôt. Il rit en pensant au lieu de rendez-vous. Il entra dans l'édifice sacré de la Trinité ; La fraîcheur à l'intérieur était rafraîchissante. Çà et là, une vieille femme s'agenouillait en prière, le visage dans les mains. Du Roy regarda de nouveau sa montre. Il n'était pas encore trois heures et quart. Il s'assit, regrettant de ne pas pouvoir fumer. Au bout de l'église, près du chœur ; Il entendait le pas mesuré d'un homme corpulent qu'il avait remarqué en entrant. Tout à coup, le bruissement d'une robe le fit tressaillir. C'était elle. Il se leva et avança rapidement. Elle ne lui tendit pas la main et murmura : « Je n'ai que quelques minutes. Tu dois t'agenouiller près de moi pour que personne ne nous remarque.

Elle s'est rendue dans une allée latérale après avoir salué l'hostie sur le maître-autel, a pris un repose-pieds et s'est agenouillée. Georges en prit un à côté et quand ils furent dans l'attitude de prière, il dit : « Merci, merci. Je t'adore. Je voudrais vous raconter sans cesse comment j'ai commencé à vous aimer, comment j'ai été conquis la première fois que je vous ai vu. Me permettrez-vous un jour de décharger mon cœur, de tout vous expliquer ?

Elle répondit entre ses doigts : « Je suis folle de vous laisser me parler ainsi, folle d'être venue ici, folle de faire comme moi, de vous laisser croire que cette aventure peut avoir des résultats. Oubliez-le, et ne m'en parlez plus jamais. Elle s'arrêta.

Il me répondit : « Je n'attends rien, je n'espère rien, je t'aime, quoi que tu fasses, je le répéterai si souvent, avec tant de force et d'ardeur, que tu finiras par me comprendre et me répondre : Je t'aime aussi. »

Il sentit son corps trembler lorsqu'elle répéta involontairement : « Je t'aime aussi. »

Il fut pris d'étonnement.

« Oh, mon Dieu ! continua-t-elle d'un ton incohérent, devrais-je vous dire cela ? Je me sens coupable, méprisable, moi... qui ai deux filles... mais je ne peux pas, je ne peux pas, je n'ai jamais pensé, c'était plus fort que moi, écoute, écoute, je n'ai jamais aimé aucun autre, mais toi, je te le jure, je t'aime un an en secret, j'ai souffert et j'ai lutté, je ne peux plus ; Je t'aime. Elle pleurait et sa forme courbée était ébranlée par la violence de son émotion.

Georges murmura : « Donne-moi ta main pour que je la touche, que je la presse. »

Elle retira lentement sa main de son visage, il la saisit en disant : « Je voudrais boire tes larmes ! »

Posant la main qu'il tenait sur son cœur, il demanda : « Sentez-vous qu'il bat ? »

Au bout de quelques instants, l'homme que Georges avait remarqué auparavant passa près d'eux. Quand Mme Walter l'entendit près d'elle, elle arracha ses doigts de l'étreinte de Georges et s'en couvrit le visage. Après la disparition de l'homme, Du Roy demanda, espérant trouver un autre lieu de rendez-vous que La Trinité : « Où vous verrai-je demain ? »

Elle ne répondit pas ; Elle semblait transformée en statue de prière. Il continua : « Vous retrouverai-je demain au parc Monceau ? »

Elle tourna vers lui un visage livide et lui dit d'une voix chancelante : « Laissez-moi, laissez-moi maintenant, allez-vous-en, allez-vous-en, pour cinq minutes seulement, je souffre trop près de vous. Je veux prier, partir. Permettez-moi de prier seul, cinq minutes, permettez-moi de demander à Dieu, de me pardonner, de me sauver, de me quitter, cinq minutes.

Elle avait l'air si pitoyable qu'il se leva sans dire un mot et demanda avec une certaine hésitation : « Dois-je revenir tout de suite ? »

Elle hocha la tête en signe d'affirmative et il la quitta. Elle essaya de prier ; elle ferma les yeux pour ne pas voir Georges. Elle ne pouvait pas prier ; Elle ne pouvait penser qu'à lui. Elle aurait mieux aimé mourir que de tomber ainsi ; Elle n'avait jamais été faible. Elle murmura plusieurs mots de supplication ; Elle savait que tout était fini, que la lutte était vaine. Elle ne voulait cependant pas céder, mais elle sentait sa faiblesse. Quelqu'un s'approcha d'un pas rapide ; Elle tourna la tête. C'était un prêtre. Elle se leva, courut vers lui, et, joignant les mains, elle cria : « Sauve-moi, sauve-moi ! »

Il s'arrêta surpris.

— Que voulez-vous, madame ?

« Je veux que tu me sauves. Aie pitié de moi. Si vous ne m'aidez pas, je suis perdue !

Il la regarda, se demandant si elle n'était pas folle.

« Que puis-je faire pour toi ? » Le prêtre était un jeune homme quelque peu enclin à la corpulence.

« Recevez ma confession, dit-elle, et conseillez-moi, soutenez-moi, dites-moi ce que je dois faire. »

Il a répondu : « Je me confesse tous les samedis de trois à six heures. »

Lui saisissant le bras, elle répéta : « Non, maintenant, tout de suite, tout de suite ! C'est nécessaire ! Il est là ! Dans cette église ! Il m'attend.

Le prêtre demanda : « Qui t'attend ? »

— Un homme, qui sera ma ruine si vous ne me sauvez pas. Je ne peux plus lui échapper, je suis trop faible, trop faible.

Elle tomba à genoux en sanglotant : « Oh ! mon père, ayez pitié de moi. Sauvez-moi, pour l'amour de Dieu, sauvez-moi ! Elle saisit sa robe pour qu'il ne lui échappât pas, tandis qu'il jetait un coup d'œil inquiet de tous côtés pour voir si quelqu'un remarquait la femme à ses pieds. Enfin, voyant qu'il ne pouvait se libérer d'elle, il lui dit : « Lève-toi ; J'ai la clé du confessionnal avec moi.

Du Roy, ayant fait le tour du chœur, se promenait dans la nef, lorsqu'il rencontra l'homme gros et hardi qui se promenait çà et là, et il se demanda : « Que peut-il faire ici ? »

L'homme ralentit le pas et regarda Georges avec l'envie évidente de lui parler. Quand il fut près de lui, il s'inclina et dit poliment :

« Je vous demande pardon, monsieur, de vous déranger ; Mais pouvez-vous me dire quand cette église a été construite ?

Du Roy a répondu : « Je ne sais pas ; Je pense que c'est vingt ou vingt-cinq ans. C'est la première fois que je viens ici. Je ne l'ai jamais vu auparavant. Se sentant intéressé par l'étranger, le journaliste a poursuivi : « Il me semble que vous l'examinez très attentivement. »

L'homme a répondu : « Je ne vais pas à l'église ; J'ai un rendez-vous. Il s'arrêta et, quelques instants plus tard, ajouta : « Il fait très chaud dehors. »

Du Roy le regarda et crut soudain qu'il ressemblait à Forestier. « Êtes-vous de province ? » a-t-il demandé.

« Oui, je suis rennais. Et êtes-vous entré, monsieur, dans cette église par curiosité ?

« Non, j'attends une dame. » Et, le sourire aux lèvres, il s'éloigna.

Il ne trouva pas Mme Walter à l'endroit où il l'avait laissée, et il fut surpris. Elle était partie. Il était furieux. Puis il pensa qu'elle le cherchait peut-être, et il fit le tour de l'église. Ne la trouvant pas, il revint s'asseoir sur la chaise qu'elle avait occupée, espérant qu'elle le rejoindrait là. Bientôt, il entendit le son d'une voix. Il ne vit personne ; D'où vient-il ? Il se leva pour l'examiner, et aperçut, dans une chapelle voisine, les portes des confessionnaux. Il s'approcha pour voir la femme dont il entendait la voix. Il reconnut Mme Walter ; Elle avouait. D'abord, il éprouva le désir de la saisir par le bras et de l'entraîner ; Puis il s'assit près de lui et attendit son heure. Il attendit un bon moment. Enfin Mme Walter se leva, se retourna, le vit et vint à lui. Son visage était froid et sévère.

« Seigneur, dit-elle, je vous supplie de ne pas m'accompagner, de ne pas me suivre, et de ne pas venir seul chez moi. Vous ne serez pas admis. Adieu !" Et elle s'en est allée d'une manière digne.

Il lui permit de partir, parce qu'il était contraire à ses principes de forcer les choses. Comme le prêtre sortait à son tour du confessionnal, il s'avança vers lui et lui dit : « Si tu ne portais pas de robe, je te donnerais une bonne raclée. » Puis il tourna les talons et sortit de l'église en sifflant. Dans l'embrasure de la porte, il rencontra le gros gentleman. Quand Du Roy l'a dépassé, ils se sont inclinés.

Le journaliste s'est ensuite rendu au bureau de « La Vie Française ». En entrant, il vit à l'air affairé des commis qu'il se passait quelque chose d'important, et il se hâta de se rendre dans la chambre du directeur. Celui-ci s'exclama joyeusement à l'entrée de Du Roy : « Quelle chance ! voici Bel-Ami.

Il s'arrêta confus et s'excusa : « Je vous demande pardon, je suis très gêné par les circonstances. Et puis j'entends ma femme et ma fille t'appeler Bel-Ami du matin au soir, et j'ai moi-même pris l'habitude. Êtes-vous mécontent ?

Georges éclate de rire. « Pas du tout. »

M. Walter continua : « Eh bien, alors je vous appellerai Bel-Ami comme tout le monde. De grands changements ont eu lieu. Le ministère a été renversé. Marrot va former un nouveau cabinet. Il a choisi le général Boutin d'Acre comme ministre de la Guerre, et notre ami Laroche-Mathieu comme ministre des Affaires étrangères. Nous serons très occupés. Je dois écrire un article de fond, une simple déclaration de principes ; alors il faut que j'aie quelque chose d'intéressant sur la question du Maroc, il faut que vous vous en occupiez.

Du Roy réfléchit un instant puis répondit : « Je l'ai. Je vais vous donner un article sur la situation politique de notre colonie d'Afrique », et il se mit à préparer à M. Walter un plan de son ouvrage, qui n'était rien d'autre qu'une modification de son premier article sur les « Souvenirs d'un soldat en Afrique ».

Le gérant ayant lu l'article a dit : « C'est parfait ; Vous êtes un trésor. Merci beaucoup.

Du Roy rentra chez lui pour dîner, ravi de sa journée, malgré son échec à la Trinité. Sa femme l'attendait anxieusement. Elle s'écria en le voyant :

— Vous savez que Laroche est ministre des Affaires étrangères.

« Oui, je viens d'écrire un article à ce sujet. »

« Comment ? »

« Vous souvenez-vous du premier article que nous avons écrit sur « Souvenirs d'un soldat en Afrique » ? Eh bien, je l'ai révisé et corrigé pour l'occasion.

Elle sourit. — Ah, oui, cela fera très bien l'affaire.

À ce moment, le domestique entra avec une dépêche contenant ces mots sans aucune signature :

« J'étais hors de moi. Pardonnez-moi et venez demain à quatre heures au parc Monceau.

Il comprit le message et, le cœur joyeux, glissa le télégramme dans sa poche. Pendant le dîner, il se répéta ces mots à lui-même ; tels qu'il les interprétait, ils signifiaient : « Je cède, je suis à toi où et quand tu veux. » Il a ri.

Madeleine demanda : « Qu'est-ce que c'est ? »

« Pas grand-chose. Je pensais à un vieux prêtre comique que j'ai rencontré il y a peu de temps.

Du Roy arriva à l'heure convenue le lendemain. Les bancs étaient tous occupés par des gens qui essayaient d'échapper à la chaleur et par des infirmières avec leurs protégés.

Il trouva Mme Walter dans une petite ruine antique ; Elle semblait malheureuse et anxieuse. Quand il l'eut saluée, elle lui dit : « Combien de monde il y a dans le jardin ! »

Il a profité de l'occasion : « Oui, c'est vrai ; On va ailleurs ?

« Où ? »

« Peu importe où ; pour un trajet, par exemple. Tu peux baisser l'ombre de ton côté et tu seras bien caché.

— Oui, cela me plairait mieux ; Je mourrai de peur ici.

— Eh bien, retrouvez-moi dans cinq minutes à la porte qui ouvre sur le boulevard. Je vais chercher un fiacre.

Lorsqu'ils furent assis dans le fiacre, elle demanda : « Où avez-vous dit au cocher de se rendre ? »

Georges lui répondit : « Ne vous inquiétez pas ; Il sait.

Il avait donné à cet homme son adresse de la rue de Constantinople.

Mme Walter dit à Du Roy : « Vous ne pouvez pas imaginer combien je souffre à cause de vous, combien je suis tourmentée, torturée. Hier, j'ai été dur, mais je voulais à tout prix t'échapper. J'avais peur de rester seul avec toi. M'as-tu pardonné ?

Il lui serra la main. — Oui, oui, pourquoi ne te pardonnerais-je pas, en t'aimant comme je t'aime ?

Elle le regarda d'un air suppliant : « Écoute, tu dois me promettre de me respecter, sinon je ne te reverrai jamais. »

D'abord, il ne répondit pas ; Un sourire se cachait sous sa moustache ; puis il murmura : « Je suis ton esclave. »

Elle lui raconta comment elle s'était découvert qu'elle l'aimait, en apprenant qu'il allait épouser Madeleine Forestier. Tout à coup, elle cessa de parler. La voiture s'arrêta. Du Roy ouvrit la porte.

« Où sommes-nous ? » a-t-elle demandé.

Il répondit : « Descends et entre dans la maison. Nous n'y serons pas dérangés.

« Où sommes-nous ? » répéta-t-elle.

« Dans mes chambres ; ce sont mes garçonnières que j'ai louées pour quelques jours afin que nous puissions avoir un coin où nous retrouver.

Elle s'accrocha au fiacre, effrayée à l'idée d'un tête-à-tête, et balbutia : « Non, non, je ne veux pas. »

Il a dit fermement : « Je jure de vous respecter. Venez, vous voyez que les gens nous regardent, qu'une foule se rassemble autour de nous. Hâtez-vous ! Et il répéta : « Je jure de vous respecter. »

Frappée de terreur, elle se précipita dans la maison. Elle allait monter l'escalier. Il lui saisit le bras : « Il est ici, au rez-de-chaussée. »

Quand il eut fermé la porte, il lui embrassa le cou, les yeux, les lèvres ; malgré elle, elle se soumit à ses caresses et les rendit même, cachant son visage et murmurant d'un accent entrecoupé : « Je jure que je n'ai jamais eu d'amant » ; tandis qu'il pensait : « Cela m'est indifférent. »

CHAPITRE XIII.

MADAME DE MARELLE

L'automne était arrivé. Les Du Roy avaient passé tout l'été à Paris, menant une vigoureuse campagne dans « La Vie française », en faveur du nouveau cabinet. Bien que nous ne soyons qu'au début du mois d'octobre, la chambre était sur le point de reprendre ses sessions, car les affaires au Maroc devenaient menaçantes. Le célèbre discours prononcé par le comte de Lambert Sarrazin avait fourni à Du Roy la matière de dix articles sur la colonie algérienne. La « Vie française » avait acquis un prestige considérable par ses liens avec le pouvoir ; c'était le premier à donner des nouvelles politiques, et tous les journaux de Paris et de province y cherchaient des informations. Il est cité, craint et commence à être respecté : il n'est plus l'organe d'un groupe d'intrigants politiques, mais le porte-parole avoué du cabinet. Laroche-Mathieu était l'âme de la revue et Du Roy sa trompette parlante. M. Walter se retira discrètement à l'arrière-plan. Le salon de Madeleine devient un centre d'influence où se réunissent chaque semaine plusieurs membres du cabinet. Le président du conseil y avait même dîné deux fois ; le ministre des Affaires étrangères était tout à fait chez lui chez les Du Roy ; Il venait à n'importe quelle heure, apportant des dépêches ou des renseignements, qu'il dictait au mari ou à la femme comme s'ils étaient ses secrétaires. Après le départ du ministre, alors que Du Roy était seul avec Madeleine, il proféra des menaces et des insinuations contre le « parvenu », comme il l'appelait. Sa femme haussa simplement les épaules avec dédain, répétant : « Devenez ministre et vous pourrez faire de même ; D'ici là, taisez-vous.

Il me répondit : « Personne ne sait de quoi je suis capable ; Peut-être le sauront-ils un jour.

Elle a répondu philosophiquement : « Celui qui vit verra. »

Le matin de la réouverture de la Chambre, Du Roy déjeuna avec Laroche-Mathieu afin de recevoir de celui-ci, avant la séance, des instructions pour un article politique le lendemain dans la Vie française, qui devait être une sorte de déclaration officielle des plans du cabinet. Après avoir écouté quelque temps l'éloquence de Laroche-Mathieu, la jalousie au cœur, Du Roy se dirigea lentement vers le bureau pour commencer son travail, car il n'avait rien à faire jusqu'à quatre heures, heure à laquelle il devait rencontrer Mme de Marelle, rue de Constantinople. Ils s'y réunissaient régulièrement deux fois par semaine, les lundis et mercredis.

En entrant dans le bureau, on lui remit une dépêche scellée ; c'était de Mme Walter, et on lisait ceci :

Il est absolument nécessaire que je vous voie aujourd'hui. C'est important. Attendez-moi à deux heures, rue de Constantinople. Je peux vous rendre un grand service ; votre amie jusqu'à la mort », «

"VIRGINIE. »

Il s'exclama : « Ciel ! Quel ennui ! » et il quitta aussitôt le bureau, trop ennuyé pour travailler.

Pendant six semaines, il avait essayé en vain de rompre avec Mme Walter. Dans trois rencontres successives, elle avait été en proie au remords et avait accablé son amant de reproches. Irrité par ces scènes et déjà las de la femme dramatique, il l'avait simplement évitée, espérant que l'affaire se terminerait de cette façon.

Mais elle le persécutait de son affection, l'appelait à tout moment par télégrammes à la rencontrer au coin des rues, dans les boutiques ou dans les jardins publics. Elle était très différente de ce qu'il avait imaginé qu'elle serait, essayant de l'attirer par des actions ridicules pour une personne de son âge.

Il était dégoûté de l'entendre l'appeler : « Mon rat, mon chien, mon trésor, mon bijou, mon oiseau bleu », et de la voir prendre une sorte de puérille modestie quand il s'approchait. Il lui semblait qu'étant mère de famille, femme du monde, elle aurait dû être plus calme, et céder aux larmes si elle l'avait voulu, mais aux larmes d'une Didon et non d'une Juliette. Il ne l'entendait jamais l'appeler « Petite » ou « Bébé », sans vouloir répondre : « Vieille femme », prendre son chapeau avec serment et sortir de la chambre.

D'abord, ils s'étaient souvent rencontrés rue de Constantinople, mais Du Roy, qui craignait de rencontrer Mme de Marelle, inventa mille et un prétextes pour éviter ce rendez-vous. Il était donc obligé de déjeuner ou de dîner chez elle tous les jours, où elle lui serrait la main à l'abri de la table ou lui offrait ses lèvres derrière les portes. Par-dessus tout, Georges aimait être tellement au contact de Suzanne ; Elle s'est moquée de tout et de tout le monde avec une justesse tranchante. À la fin, cependant, il commença à éprouver une répugnance invincible pour l'amour que lui prodiguait la mère ; Il ne pouvait plus la voir, l'entendre, ni penser à elle sans colère. Il cessa de la visiter, de répondre à ses lettres et de céder à ses appels. Elle finit par deviner qu'il ne l'aimait plus, et cette découverte lui causa une angoisse indicible ; Mais elle l'observait, le suivait dans un fiacre aux stores tirés jusqu'au bureau, chez lui, dans l'espoir de le voir passer. Il aurait voulu l'étrangler, mais il se maîtrisa à cause de sa position sur la Vie française et il s'efforça par la froideur, et même par des paroles parfois dures, de lui faire comprendre que tout était fini entre eux.

De plus, elle s'obstinait à inventer des ruses pour le faire venir rue de Constantinople, et il craignait constamment que les deux femmes ne se retrouvassent un jour face à face à la porte.

D'autre part, son affection pour Mme de Marelle s'était accrue pendant l'été. Ils étaient tous deux bohémiens par nature ; ils firent ensemble des excursions à Argenteuil, à Bougival, à

Maisons et à Poissy, et lorsqu'il fut forcé de revenir dîner chez Mme Walter, il détestait plus profondément sa maîtresse mûre, en se rappelant la jeune maîtresse qu'il venait de quitter. Il se félicitait de s'être presque entièrement libéré des griffes du premier, lorsqu'il reçut le télégramme dont j'ai parlé ci-dessus.

Il le relut en marchant. Il pensa : « Qu'est-ce que ce vieux hibou me veut ? Je suis certain qu'elle n'a rien à me dire si ce n'est qu'elle m'adore. Cependant, je vais voir, peut-être y a-t-il une part de vérité là-dedans. Clotilde vient à quatre heures, il faut que je me débarrasse de l'autre à trois heures ou peu après, pourvu qu'elles ne se rencontrent pas. Que sont les femmes de jade !

En prononçant ces paroles, il se souvint de sa femme, qui était la seule qui ne le tourmentait pas ; Elle vivait à ses côtés et semblait l'aimer beaucoup au moment opportun, car elle ne permettait jamais à rien de se mêler de ses occupations ordinaires. Il se dirigea vers le lieu de rendez-vous fixé, maudissant mentalement Mme Walter.

« Ah, je la recevrai de telle manière qu'elle ne me dira rien. Tout d'abord, je lui ferai comprendre que je ne franchirai plus jamais son seuil.

Il entra pour l'attendre. Elle arriva bientôt et, le voyant, s'écria : « Ah, vous avez reçu ma dépêche ! Quelle chance !

« Oui, je l'ai reçu au bureau au moment où je me rendais à la Chambre. Que voulez-vous ? demanda-t-il sans grâce.

Elle avait levé son voile pour l'embrasser, et s'approchait de lui timidement et humblement avec l'air d'un chien battu.

« Comme tu es méchant pour moi ; Comme tu parles durement ! Qu'est-ce que je t'ai fait ? Vous ne savez pas ce que j'ai souffert pour vous !

Il a marmonné : « Allez-vous recommencer ? »

Elle se tint près de lui, attendant un sourire, un mot d'encouragement, pour se jeter dans ses bras, et lui dit tout bas : « Vous n'avez pas besoin de me gagner pour me traiter ainsi ; Vous auriez pu me laisser vertueux et heureux. Vous souvenez-vous de ce que vous m'avez dit dans l'église et comment vous m'avez forcé à entrer dans cette maison ? Et maintenant, c'est ainsi que tu me parles, que tu me reçois ! Mon Dieu, mon Dieu, comme vous me maltraitez !

Il frappa du pied et dit violemment : « Assez, taisez-vous ! Je ne peux jamais te voir un instant sans entendre ce refrain. Tu as été mûr quand tu t'es donné à moi. Je vous suis bien obligé ; Je vous en suis infiniment reconnaissant, mais je n'ai pas besoin d'être attaché à vos cordons de tablier jusqu'à ma mort ! Vous avez un mari et moi une femme. Aucun de nous n'est libre ; C'était un caprice, et maintenant c'est fini !

Elle a dit : « Comme vous êtes brutale, comme vous êtes grossière et méchante ! Non, je n'étais plus une jeune fille, mais je n'avais jamais aimé, jamais vacillé dans ma dignité.

Il l'interrompit : « Je le sais, vous me l'avez dit vingt fois ; mais vous avez eu deux enfants.

Elle recula comme si elle eût été frappée : « Oh ! Georges ! » Et, pressant ses mains sur son cœur, elle fondit en larmes.

Quand elle se mit à pleurer, il lui prit son chapeau : « Ah, tu pleures encore ! Bonsoir! C'est pour cela que tu m'as envoyé chercher ?

Elle fit un pas en avant pour barrer le chemin, et, tirant un mouchoir de sa poche, elle s'essuya les yeux. Sa voix s'adoucit : — Non, je suis venue pour... pour vous donner des nouvelles politiques, pour vous donner les moyens de gagner cinquante mille francs, ou même plus si vous le voulez.

Soudain adouci, il demanda : « Comment ? »

« Par hasard, hier soir, j'ai entendu une conversation entre mon mari et Laroche. Walter a conseillé au ministre de ne pas vous laisser entrer dans le secret, car vous l'exposeriez.

Du Roy posa son chapeau sur une chaise et écouta attentivement.

« Ils vont s'emparer du Maroc ! »

— Eh bien, j'ai déjeuné avec Laroche ce matin, et il m'a dit les plans du cabinet !

— Non, ma chère, ils vous ont trompée, parce qu'ils craignaient que leur secret ne soit révélé.

— Asseyez-vous, dit Georges.

Il s'enfonça dans un fauteuil, tandis qu'elle tirait un tabouret et s'asseyait à ses pieds. Elle a poursuivi :

« Comme je pense sans cesse à vous, je fais attention à ce dont on parle autour de moi », et elle se mit à lui raconter ce qu'elle avait entendu sur l'expédition de Tanger qui avait été décidée le jour où Laroche avait pris ses fonctions ; elle lui raconta comment ils avaient peu à peu racheté, par l'intermédiaire d'agents qui n'éveillaient aucun soupçon, l'emprunt marocain, qui était tombé à soixante-quatre ou soixante-cinq francs ; comment, lorsque l'expédition serait lancée, le gouvernement français garantirait la dette, et leurs amis gagneraient cinquante ou soixante millions.

Il s'écria : « En êtes-vous sûr ? »

Elle a répondu : « Oui, j'en suis sûre. »

Il a poursuivi : « C'est bien ! Quant à ce coquin de Laroche, qu'il prenne garde ! Je vais encore prendre sa carcasse ministérielle entre mes doigts !

Puis, après un moment de réflexion, il murmura : « On pourrait en profiter ! »

« Vous aussi, vous pouvez acheter du capital, dit-elle ; — Ce n'est que soixante-douze francs.

Il a répondu : « Mais je n'ai pas d'argent comptant. »

Elle leva les yeux vers les siens, des yeux pleins de supplication.

— J'y ai pensé, ma chérie, et si tu m'aimes un peu, tu me laisseras te le prêter.

Il répondit brusquement, presque durement : « Non, en effet. »

Elle murmura d'un ton implorant : « Écoutez, il y a quelque chose que vous pouvez faire sans emprunter d'argent. J'avais l'intention d'acheter pour dix mille francs d'actions ; au lieu de cela, je prendrai vingt mille et vous pourrez en avoir la moitié. Il n'y aura rien à payer en une seule fois. S'il réussit, nous gagnerons soixante-dix mille francs ; Sinon, tu me devras dix mille que tu pourras rembourser à ton gré.

Il a répété : « Non, je n'aime pas ces combinaisons. »

Elle essaya de le persuader en lui disant qu'elle n'avançait rien, que les paiements étaient faits par la banque de Walter. Elle lui fit remarquer qu'il avait mené la campagne politique dans la Vie française et qu'il serait bien simple de ne pas profiter des résultats qu'il avait contribué à obtenir. Comme il hésitait encore, elle ajouta : « C'est en réalité Walter qui avancera l'argent, et vous avez fait assez pour lui pour compenser cette somme. »

« Très bien, dit-il, je le ferai. Si nous perdons, je vous rendrai dix mille francs.

Elle fut si heureuse qu'elle se leva, lui prit la tête entre les mains et l'embrassa. D'abord il ne la repoussa pas, mais quand elle devint plus prodigue de caresses, il lui dit :

« Allons, ça ira. »

Elle le regarda tristement. « Oh, Georges, je ne peux même plus t'embrasser. »

— Non, pas aujourd'hui. J'ai mal à la tête.

Elle se remit assise docilement à ses pieds et demanda :

« Voulez-vous dîner avec nous demain ? Cela me ferait tellement plaisir,"

Il hésita d'abord, mais n'osa pas refuser.

— Oui, certainement.

« Merci, ma très chère. » Elle frotta sa joue contre le gilet du jeune homme ; Ce faisant, un de ses longs cheveux noirs s'accrocha à un bouton ; Elle l'a serré autour d'elle, puis elle en a enroulé un autre autour d'un autre bouton et ainsi de suite. Quand il se levait, il les lui arrachait de la tête et emportait avec lui sans le savoir une mèche de ses cheveux. Ce serait un lien invisible entre eux. Involontairement, il pensait, rêvait d'elle ; Il l'aimerait un peu plus le lendemain.

Tout à coup, il dit : « Il faut que je vous quitte, car je suis attendu à la Chambre pour la fin de la séance. Je ne peux pas m'absenter aujourd'hui.

Elle soupira : « Déjà ! » Puis, il ajouta avec résignation : « Va, ma chérie, mais tu viendras dîner demain » ; Elle se leva brusquement. Pendant un instant, elle ressentit une douleur aiguë et cuisante, comme si des aiguilles lui avaient été enfoncées dans la tête, mais elle était heureuse d'avoir souffert pour lui.

« Adieu, dit-elle.

Il la prit dans ses bras et lui baisa froidement les yeux ; puis elle lui offrit ses lèvres qu'il effleura légèrement en disant : « Allons, allons, hâtons-nous ; Il est plus de trois heures.

Elle s'évanouit devant lui en disant : « Demain à sept heures » ; Il répéta ses paroles et ils se séparèrent.

Du Roy revint à quatre heures pour attendre sa maîtresse. Elle était un peu en retard parce que son mari était rentré à la maison pour une semaine. Elle a demandé :

« Pouvez-vous venir dîner demain ? Il sera ravi de vous voir.

— Non ; Je dîne chez les Walters. Nous avons beaucoup de questions politiques et financières à régler.

Elle ôta son chapeau. Il a montré un sac sur la cheminée : « Je t'ai acheté des friandises. »

Elle battit des mains. « Quel chéri tu es ! » Elle les a pris, en a goûté un et a dit : « Ils sont délicieux. Je n'en laisserai pas un. Venez, asseyez-vous dans le fauteuil, je vais m'asseoir à vos pieds et manger mes bonbons.

Il sourit en la voyant prendre le siège occupé depuis peu par Mme Walter. Elle aussi l'appelait « chéri, petit, très cher », et ces paroles lui semblaient douces et caressantes sur ses lèvres, tandis que celles de Mme Walter l'irritaient et lui donnaient la nausée.

Tout à coup, il se souvint des soixante-dix mille francs qu'il allait gagner, et, interrompant brusquement le bavardage de Mme de Marelle, il lui dit :

« Écoute, ma chérie ; Je vais vous confier un message à votre mari. Dites-lui de ma part d'acheter demain pour dix mille francs d'actions marocaines qui sont à soixante-douze, et je prédis qu'avant trois mois il aura gagné quatre-vingt mille francs. Dites-lui de garder un silence absolu. Dites-lui que l'expédition de Tanger est décidée et que le gouvernement français garantira la dette marocaine. C'est un secret d'État que je vous confie, souvenez-vous !

Elle l'écouta gravement et murmura :

"Merci. Je le dirai à mon mari ce soir. Vous pouvez compter sur lui ; il n'en parlera pas ; On peut compter sur lui ; il n'y a pas de danger.

Elle avait mangé tous ses bonbons et avait commencé à jouer avec les boutons de son gilet. Soudain, elle tira un long cheveu de la boutonnière et se mit à rire.

« Voyez ! Voici l'un des cheveux de Madeleine ; Tu es un mari fidèle ! Puis, devenant sérieuse, elle examina de plus près le fil à peine perceptible et dit : « Ce n'est pas celui de Madeleine, il est sombre. »

Il sourit. « Il appartient probablement à la femme de chambre. »

Mais elle jeta un coup d'œil sur le gilet avec le soin d'un inspecteur de police et trouva un second cheveu enroulé autour d'un second bouton ; puis elle en vit une troisième ; et, pâle et tremblante un peu, elle s'écria : « Oh ! une femme a laissé des poils autour de tous vos boutons. »

Surpris, il balbutia : « Pourquoi vous... vous êtes fou. »

Elle continua à dérouler les cheveux et à les jeter sur le sol. Avec son instinct de femme, elle en avait deviné le sens et haletait dans sa colère, prête à crier :

Elle vous aime et elle a voulu que vous emportiez avec vous quelque chose d'elle. Oh, tu es un traître. Elle poussa un cri aigu et nerveux : « Oh, c'est un cheveu de vieille femme, en voici un blanc, vous avez pris goût à une vieille femme maintenant. Alors tu n'as pas besoin de moi, garde l'autre. Elle se leva.

Il essaya de la retenir et balbutia : « Non, Clo, vous êtes absurde, je ne sais pas à qui c'est... écoutez... restez, voyez, restez...

Mais elle répéta : — Gardez votre vieille femme, gardez-la, faites-lui faire une chaîne de cheveux, de cheveux gris, il y en a assez pour cela...

À la hâte, elle mit son chapeau et son voile, et quand il essaya de la toucher, elle le frappa au visage et la fit s'échapper pendant qu'il était assommé par le coup. Lorsqu'il s'aperçut seul, il maudit Mme Walter, lui baigna le visage et sortit en jurant de se venger. Cette fois, il ne pardonnera pas. Non, en effet.

Il se dirigea vers le boulevard et s'arrêta chez un bijoutier pour regarder un chronomètre qu'il désirait depuis quelque temps et qui devait coûter dix-huit cents francs. Il pensa avec joie : « Si je gagne mes soixante-dix mille francs, je peux les payer » – et il se mit à rêver à tout ce qu'il ferait quand il aurait l'argent. Tout d'abord, il deviendrait adjoint ; puis il achetait le chronomètre ; puis il spéculait sur le changement, et puis, et puis... il n'entrait pas dans le bureau, préférant conférer avec Madeleine avant de revoir Walter et d'écrire son article ; Il se tourna vers la maison. Il arriva rue Drouot quand il s'arrêta ; il avait oublié de s'enquérir du comte de Vaudrec, qui demeurait chaussée d'Antin. Il revint sur ses pas d'un cœur léger, songeant à mille choses, à la fortune qu'il ferait, à ce coquin de Laroche et au vieux Walter.

Il n'était pas du tout inquiet de la colère de Clotilde, sachant qu'elle lui pardonnerait bientôt.

Lorsqu'il demanda au concierge de la maison où habitait le comte de Vaudrec : « Comment va M. de Vaudrec ? J'ai entendu dire qu'il était malade ces derniers temps, répondit l'homme. — Le comte est très malade, monsieur ; ils pensent qu'il ne vivra pas toute la nuit ; La goutte a atteint son cœur.

Du Roy était si surpris qu'il ne savait pas quoi faire ! Le vaudrec se meurt ! Il balbutia : « Merci, je reviendrai », inconscient de ce qu'il disait. Il a sauté dans un taxi et est rentré chez lui. Sa femme était revenue. Il entra dans sa chambre essoufflé : « Le saviez-vous ? Le vaudrec se meurt !

Elle lisait une lettre et, se tournant vers lui, lui demanda : « Qu'avez-vous dit ? »

« J'ai dit que Vaudrec se mourait d'une attaque de goutte. »

Puis il ajouta : « Que ferez-vous ? »

Elle se leva ; son visage était livide ; Elle fondit en larmes et enfouit son visage dans ses mains. Elle resta debout, secouée par les sanglots, déchirée par l'angoisse. Tout à coup, elle surmonta sa douleur, et, s'essuyant les yeux, elle lui dit : « Je vais chez lui, ne vous inquiétez pas pour moi, je ne sais pas à quelle heure je reviendrai, ne m'attendez pas. »

Il a répondu : « Très bien. Allez-y.

Ils se serrèrent la main et elle partit si précipitamment qu'elle oublia ses gants. Georges, après avoir dîné seul, commença à écrire son article. Il l'écrivit selon les instructions du ministre, laissant entendre aux lecteurs que l'expédition au Maroc n'aurait pas lieu. Une fois terminé, il l'emporta au bureau, s'entretint quelques instants avec M. Walter, et se remit en route en fumant, le cœur léger, il ne savait pourquoi.

Sa femme n'était pas revenue. Il se retira et s'endormit. Vers minuit, Madeleine rentra à la maison. Georges s'assit dans son lit et demanda : « Eh bien ? »

Il ne l'avait jamais vue si pâle et si agitée. Elle murmura : « Il est mort ! »

— Ah... et... il ne vous a rien dit ?

« Rien. Il était inconscient quand je suis arrivé.

Des questions qu'il n'osait poser s'élevèrent aux lèvres de Georges.

« Couchez-vous et reposez-vous », dit-il.

Elle se déshabilla précipitamment et se glissa dans son lit.

Il continua : « Avait-il des parents sur son lit de mort ? »

« Seulement un neveu. »

— Ah ! A-t-il souvent vu ce neveu ?

« Ils ne s'étaient pas vus depuis dix ans. »

« Avait-il d'autres parents ? »

— Non, je ne crois pas.

« Ce neveu sera-t-il son héritier ? »

« Je ne sais pas. »

— Le Vaudrec était-il très riche ?

« Oui, très. »

« Savez-vous ce qu'il valait ? »

— Non, pas exactement, un ou deux millions peut-être.

Il n'en dit pas plus. Elle éteignit la lumière. Il ne pouvait pas dormir. Il regardait les soixante-dix mille francs promis par Mme Walter comme bien insignifiantes. Tout à coup, il crut entendre les pleurs de Madeleine. Pour s'assurer, il demanda : « Dors-tu ? »

« Non. » Sa voix était larmoyante et instable.

Il a poursuivi : « J'ai oublié de vous dire que votre ministre nous a trompés. »

« Comment ? »

Il lui fit un compte rendu détaillé de la combinaison préparé par Laroche et Walter. Quand il a terminé, elle lui a demandé : « Comment le saviez-vous ? »

Il répondit : « Pardonnez-moi si je ne vous le dis pas ! Vous avez vos moyens d'obtenir des renseignements sur lesquels je ne m'interroge pas ; J'ai le mien que je désire garder. Je puis en tout cas attester de la véracité de mes déclarations.

Elle murmura : « C'est peut-être possible. Je soupçonnais qu'ils faisaient quelque chose à notre insu.

Comme elle parlait, Georges s'approcha d'elle ; Cependant, elle ne prêta aucune attention à sa proximité et, se tournant vers le mur, il ferma les yeux et s'endormit.

CHAPITRE XIV.
LE TESTAMENT

L'église était drapée de noir, et au-dessus de la porte un grand écusson surmonté d'une couronne annonçait aux passants qu'on enterrait un noble. La cérémonie venait de se terminer ; Les assistants sortirent lentement, passant devant le cercueil et par le neveu du comte de Vaudrec, qui lui serra la main et lui rendit les salutations.

Lorsque Georges du Roy et sa femme quittèrent l'église, ils marchaient côte à côte sur le chemin du retour. Ils ne parlèrent pas ; Ils étaient tous les deux préoccupés. Enfin Georges dit, comme s'il se parlait à lui-même : « Vraiment c'est bien étonnant ! »

Madeleine demanda : « Quoi, mon ami ? »

« Ce Vaudrec ne nous a rien laissé. »

Elle rougit et dit : « Pourquoi nous laisserait-il quoi que ce soit ? Avait-il une raison de le faire ? Puis, après quelques instants de silence, elle continua : « Peut-être y a-t-il un testament chez un avocat ; nous ne devrions pas le savoir.

Il a répondu : « C'est possible, car il était notre meilleur ami. Il dînait avec nous deux fois par semaine ; il venait à n'importe quel moment ; Il était à la maison avec nous. Il t'a aimé comme un père ; Il n'avait pas de famille, pas d'enfants, pas de frères ni de sœurs, seulement un neveu. Oui, il devrait y avoir une volonté. Je ne me soucierais pas de grand-chose, d'un souvenir qui prouve qu'il pensait à nous, qu'il reconnaissait l'affection que nous éprouvions pour lui. Nous devrions certainement avoir une marque d'amitié.

Elle dit d'un air pensif et indifférent : « Il est possible qu'il y ait une volonté. »

Lorsqu'ils entrèrent dans la maison, le valet de pied remit une lettre à Madeleine. Elle l'ouvrit et l'offrit à son mari.

« ÉTUDE DE M. LAMANEUR, notaire, 17, rue des Vosges,

Madame, je vous prie de bien vouloir passer à mon bureau à deux heures et quart mardi, mercredi ou jeudi, pour une affaire qui vous concerne. »

« Bien à vous, » « LAMANEUR. »

Georges, à son tour, coloriait.

« C'est comme ça que ça devrait être. Il est étrange, cependant, qu'il écrive à vous et non à moi, car je suis le chef de la famille légalement.

« Allons-nous y aller tout de suite ? » demanda-t-elle.

— Oui, j'aimerais bien.

Après le déjeuner, ils se rendirent au cabinet de M. Lamaneur.

Le notaire était un homme de petite taille, rond, rond de partout. Sa tête ressemblait à une boule attachée à une autre boule, qui était soutenue par des jambes si courtes qu'elles ressemblaient presque à des balles.

Il s'inclina au moment où l'on fit entrer Du Roy et sa femme dans son bureau, montra des sièges et dit, en se tournant vers Madeleine : « Madame, je vous ai fait venir pour vous informer du testament du comte de Vaudrec qui vous intéressera. »

Georges ne put s'empêcher de murmurer : « Je m'en doutais. »

Le notaire poursuit : « Je vais vous lire le document qui est très bref. »

« Moi, soussigné, Paul Emile Cyprien Gontran, comte de Vaudrec, sain de corps et d'esprit, j'exprime ici mes dernières volontés. Comme la mort peut m'emporter à tout moment, je veux prendre la précaution de rédiger mon testament pour le déposer chez M. Lamaneur.

N'ayant pas d'héritiers directs, je lègue sans condition toute ma fortune, composée d'actions et d'obligations pour six cent mille francs et de biens fonciers pour cinq cent mille. Je la supplie d'accepter ce cadeau d'un ami décédé comme une preuve d'affection dévouée, profonde et respectueuse.

Le notaire a dit : « C'est tout. Ce document porte la date du mois d'août dernier, et a pris la place d'un document de même nature fait il y a deux ans au nom de Mme Claire Madeleine Forestier. J'ai le premier testament, qui prouverait, en cas de contestation de la part de la famille, que le comte de Vaudrec n'a pas changé d'avis.

Madeleine baissa les yeux ; Ses joues étaient pâles. Georges tordit nerveusement sa moustache.

Le notaire continua après un moment de silence : « Il est bien entendu que Madame ne peut accepter ce legs sans votre consentement. »

Du Roy se leva et dit brièvement : « Je demande du temps pour réfléchir. »

Le notaire sourit, s'inclina et répondit aimablement : « Je comprends les scrupules qui vous font hésiter. J'ajouterai que le neveu de M. de Vaudrec, qui a été informé ce matin des dernières volontés de son oncle, se déclare prêt à les respecter si on lui donnait cent mille francs. À mon avis, le testament ne peut pas être brisé, mais un procès provoquerait une sensation que vous aimeriez probablement éviter. Le monde juge souvent sans charité. Pouvez-vous me donner votre réponse avant samedi ?

Georges s'inclina et, avec sa femme, sortit du bureau. Lorsqu'ils furent arrivés à la maison, Du Roy ferma la porte et, jetant son chapeau sur le lit, demanda : « Quelles étaient les relations entre vous et Vaudrec ? »

Madeleine, qui ôtait son voile, se retourna en frissonnant : « Entre nous ? »

— Oui, entre vous et lui ! On ne laisse pas toute sa fortune à une femme à moins...

Elle tremblait et pouvait à peine retirer les épingles qui retenaient le tissu transparent. Puis elle balbutia d'un air agité : « Vous êtes folle, vous êtes, vous êtes, vous ne pensiez pas, il vous laisserait quoi que ce soit ! »

Georges répondit en insistant sur chaque mot : « Oui, il aurait pu me laisser quelque chose ; moi, ton mari, son ami ; mais pas vous, ma femme et son ami. La distinction est matérielle aux yeux du monde.

Madeleine le regarda fixement : « Il me semble que le monde aurait trouvé bien étrange un héritage de lui à vous. »

« Pourquoi ? »

— Parce que, dit-elle en hésitant, puis elle continua : — Parce que vous êtes mon mari ; parce que vous ne le connaissiez pas bien ; parce que je suis son ami depuis si longtemps ; parce que son premier testament, fait du vivant de Forestier, était déjà en ma faveur.

Georges se mit à faire les cent pas. Il a finalement dit : « Vous ne pouvez pas accepter cela. »

Elle répondit avec indifférence : « Très bien ; il n'est alors pas nécessaire d'attendre jusqu'au samedi ; vous pouvez prévenir tout de suite M. Lamaneur.

Il s'arrêta devant elle, et ils se regardèrent dans les yeux, comme si, par cette interrogation muette et ardente, ils essayaient d'examiner la conscience l'un de l'autre. À voix basse, il murmura : « Venez, confessez vos parents. »

Elle haussa les épaules. « Vous êtes absurde. Vaudrec m'aimait beaucoup, beaucoup, mais il n'y avait rien de plus, jamais.

Il tapa du pied. « Tu mens ! Ce n'est pas possible.

Elle répondit calmement : « C'est ainsi, néanmoins. »

Il reprit ses pas ; puis, s'arrêtant de nouveau, il dit : « Expliquez-moi donc pourquoi il vous a laissé toute sa fortune. »

Elle l'a fait d'un air nonchalant : « C'est très simple. Comme vous venez de le dire, nous étions ses seuls amis, ou plutôt j'étais son seul ami, car il m'a connu enfant. Ma mère était gouvernante dans la maison de son père. Il venait ici sans cesse, et comme il n'avait pas d'héritiers légaux, il m'a choisi. Il est même possible qu'il m'aimait un peu. Mais quelle femme n'a jamais été ainsi aimée ? Il m'apportait des fleurs tous les lundis. Vous n'avez jamais été surpris de cela, et il ne vous en a jamais apporté. Aujourd'hui, il me laisse sa fortune pour la même raison, parce qu'il n'avait personne d'autre à qui la laisser. D'un autre côté, il aurait été extrêmement surprenant qu'il vous l'ait laissé.

« Pourquoi ? »

« Qu'es-tu pour lui ? »

Elle parlait si naturellement et si calmement que Georges hésita avant de répondre : « Cela ne fait aucune différence ; Nous ne pouvons pas accepter ce legs dans ces conditions. Tout le monde en parlait et se moquait de moi. Mes collègues journalistes sont déjà trop disposés à être jaloux de moi et à m'attaquer. Je dois faire particulièrement attention à mon honneur et à ma réputation. Je ne peux pas permettre à ma femme d'accepter un héritage de ce genre de la part d'un homme que la rumeur lui a déjà attribué comme son amant. Forestier aurait peut-être toléré cela, mais je ne le ferai pas.

Elle répondit doucement : « Très bien, ma chère, nous ne le prendrons pas ; Ce sera un million de moins dans nos poches, c'est tout.

Georges arpentait la chambre et exprimait ses pensées à haute voix, s'adressant ainsi à sa femme sans lui adresser la parole :

— Oui, un million, tant pis. Il n'a pas pensé, en faisant son testament, à la violation de l'étiquette qu'il commettait. Il ne se rendait pas compte dans quelle position fausse et ridicule il me plaçait. Il aurait dû m'en laisser la moitié, cela aurait arrangé les choses.

Il s'assit, croisa les jambes et se mit à tordre les extrémités de sa moustache, comme il avait coutume lorsqu'il était contrarié, inquiet ou qu'il réfléchissait à une question importante.

Madeleine prit une broderie sur laquelle elle travaillait de temps en temps, et dit : « Je n'ai rien à dire. C'est vous qui décidez.

Il se passa un certain temps avant qu'il ne réponde ; puis il dit en hésitant : « Le monde ne comprendra jamais comment il se fait que Vaudrec vous ait constituée son unique héritière et que je l'aie permis. Accepter cet héritage serait avouer des relations coupables de votre part et un manque infâme de respect de soi de la mienne. Savez-vous comment l'accepter pourrait être interprété ? Il faudrait trouver quelque moyen adroit de le pallier. Il faudrait que l'on suppose par exemple qu'il a partagé sa fortune entre nous, en vous en donnant la moitié à vous et l'autre moitié à moi.

Elle a dit : « Je ne vois pas comment cela peut se faire, puisqu'il y a une volonté formelle. »

Il a répondu : « Oh, c'est très simple. Nous n'avons pas d'enfants ; Vous pouvez donc me léguer une partie de l'héritage. De cette façon, nous pouvons faire taire les langues malignes.

Elle répondit avec un peu d'impatience : « Je ne vois pas comment on peut faire taire les langues malignes puisque le testament est là, signé par Vaudrec. »

Il dit avec colère : « Avez-vous besoin de l'exposer ou de l'apposer sur la porte ? Vous êtes absurdes ! Nous dirons que la fortune nous a été laissée conjointement par le comte de Vaudrec. C'est tout. Vous ne pouvez d'ailleurs pas accepter l'héritage sans mon autorité ; Je n'y consentirai qu'à la condition d'un partage qui m'empêchera de devenir la risée du monde.

Elle lui jeta un coup d'œil perçant : « Comme tu voudras. Je suis prêt.

Il parut hésiter de nouveau, se leva, fit les cent pas, et, évitant le regard perçant de sa femme, il dit : « Non, décidément, non, peut-être vaudrait-il mieux y renoncer tout à fait, ce serait plus juste, plus honorable. D'après la nature du legs, même les personnes bien disposées soupçonneraient des relations illicites.

Il s'arrêta devant Madeleine. — Si tu veux, ma chérie, je retournerai seul chez M. Lamaneur, pour le consulter et lui expliquer l'affaire. Je lui ferai part de mes scrupules et j'ajouterai que nous sommes convenus de la diviser afin d'éviter tout scandale. À partir du moment où j'accepte une partie de l'héritage, il sera évident qu'il n'y a rien de mal. Je peux dire : « Ma femme l'accepte parce que moi, son mari, j'accepte », moi qui suis le meilleur juge de ce qu'elle peut faire sans se compromettre.

Madeleine murmura simplement : « Comme tu voudras. »

Il a poursuivi : « Oui, ce sera clair comme le jour si cela se fait. Nous héritons d'une fortune d'un ami qui ne voulait pas faire de distinction entre nous, montrant ainsi que son goût pour toi était purement platonique. Vous pouvez être sûr que s'il y avait pensé, c'est ce qu'il aurait fait. Il n'a pas réfléchi, il n'en a pas prévu les conséquences. Comme tu viens de le dire, il t'offrait des fleurs chaque semaine, il t'a laissé ses biens.

Elle l'interrompit avec une nuance de contrariété :

« Je comprends. Il n'y a pas besoin d'autres explications. Allez tout de suite chez le notaire.

Il balbutia confus : « Vous avez raison ; J'irai. Il prit son chapeau, et, en sortant de la chambre, il demanda : « Essaierai-je de transiger avec le neveu pour cinquante mille francs ? »

Elle a répondu avec arrogance : « Non. Donnez-lui les cent mille francs qu'il demande, et prenez-les sur ma part si vous le voulez.

Embarrassé, il murmura : « Non, nous le partagerons. Après déduction de cinquante mille francs chacun, nous aurons encore un million net. Puis il ajouta : « À plus tard, mon petit Made. »

Il s'est rendu chez le notaire pour lui expliquer l'arrangement décidé, qu'il prétendait provenir de sa femme. Le lendemain, ils signent un acte de cinq cent mille francs, que Madeleine du Roy cède à son mari.

En sortant du bureau, comme c'était agréable, Georges proposa qu'ils fassent une promenade le long des boulevards. Il était très tendre, très attentif à elle, et riait joyeusement tandis qu'elle restait pensive et grave.

C'était une froide journée d'automne. Les piétons semblaient pressés et marchaient rapidement.

Du Roy conduisit sa femme à la boutique dans les vitrines où il avait si souvent regardé le chronomètre convoité.

« Dois-je t'acheter un bibelot ? » demanda-t-il.

Elle m'a répondu avec indifférence : « Comme vous voudrez. »

Ils entrèrent dans la boutique : « Que préféreriez-vous, un collier, un bracelet ou des boucles d'oreilles ? »

La vue des pierres précieuses brillantes lui fit briller les yeux malgré elle, tandis qu'elle jetait un coup d'œil aux caisses remplies de babioles coûteuses.

Tout à coup, elle s'exclama : « Il y a un joli bracelet. »

C'était une chaîne, de forme très unique, dont chaque maillon était serti d'une pierre différente.

Georges demanda : « Combien coûte ce bracelet ? »

Le joaillier répondit : « Trois mille francs, monsieur. »

« Si vous voulez me l'avoir pour deux mille cinq cents, je le prendrai. »

L'homme hésita, puis répondit : « Non, monsieur, c'est impossible. »

Du Roy dit : « Tenez, jetez ce chronomètre à quinze cents francs ; cela fait quatre mille, et je paierai comptant. Si vous n'êtes pas d'accord, j'irai ailleurs.

Le joaillier finit par céder. – Très bien, monsieur.

Le journaliste, après avoir quitté son adresse, lui dit : « Vous pouvez faire entrelacer mes initiales G. R. C. sous la couronne d'un baron, gravées sur le chronomètre. »

Madeleine, surprise, sourit, et, quand ils sortirent de la boutique, elle lui prit le bras tout à fait affectueusement. Elle le trouvait très perspicace et très intelligent. Il avait raison ; Maintenant qu'il avait une fortune, il devait avoir un titre.

Ils passèrent le Vaudeville sur leur chemin, entrèrent, mirent la main sur une loge. Puis ils se rendirent chez Mme de Marelle, sur la suggestion de Georges, pour l'inviter à passer la soirée avec eux. Georges redoutait un peu la première rencontre avec Clotilde, mais elle ne semblait pas lui en vouloir, ni même se souvenir de leur mésaccord. Le dîner, qu'ils prirent dans un restaurant, fut excellent, et la soirée tout à fait agréable.

Georges et Madeleine rentrèrent tard chez eux. Le gaz fut éteint, et afin d'éclairer le chemin du journaliste, de temps en temps, il allumait une allumette. En arrivant sur le palier du premier étage, ils virent leurs reflets dans le miroir. Du Roy leva la main avec l'allumette allumée, afin de distinguer plus clairement leurs images, et dit avec un sourire triomphant :

« Les millionnaires passent. »

CHAPITRE XV.
SUZANNE

Le Maroc avait été conquis ; La France, maîtresse de Tanger, avait garanti la dette du pays annexé. Le bruit courut que deux ministres, dont Laroche-Mathieu, avaient gagné vingt millions.

Quant à Walter, il était devenu en quelques jours l'un des maîtres du monde, un financier plus omnipotent qu'un roi. Il n'était plus le Juif, Walter, le directeur d'une banque, le propriétaire d'un journal jaune ; c'était M. Walter le riche Israélite, et il voulait le prouver.

Connaissant la situation précaire du prince de Carlsbourg qui possédait l'un des plus beaux hôtels de la rue du Faubourg Saint-Honoré, il proposa de l'acheter. Il a offert trois millions de francs pour cela. Le prince, tenté par la somme, accepta son offre ; le lendemain, Walter prend possession de sa nouvelle demeure. Puis une autre idée lui vint à l'esprit, l'idée de conquérir tout Paris, une idée à la Bonaparte.

À cette époque, tout le monde s'extasiait devant un tableau du Hongrois Karl Marcovitch, exposé par Jacques Lenoble et représentant « Le Christ marchant sur l'eau ». Les critiques d'art ont déclaré avec enthousiasme qu'il s'agissait du tableau le plus magnifique de l'époque. Walter l'acheta, faisant ainsi parler de lui dans tout Paris, l'envier, censurer ou approuver son action. Il a publié une annonce dans les journaux que tout le monde était invité à venir un certain soir pour le voir.

Du Roy était jaloux du succès de M. Walter. Il s'était cru riche avec les cinq cent mille francs extorqués à sa femme, et maintenant il se sentait pauvre en comparant sa maigre fortune avec la pluie de millions qui l'entourait. Sa rage d'envie augmentait de jour en jour. Il nourrissait de la rancune envers tout le monde, envers les Walter, même envers sa femme, et surtout envers l'homme qui l'avait trompé, s'était servi de lui et qui dînait deux fois par semaine chez lui. Georges lui sert de secrétaire, d'agent, de porte-parole, et quand il écrit sous sa dictée, il éprouve une folle envie de l'étrangler. Laroche régnait en maître dans la maison Du Roy, ayant pris la place du comte de Vaudrec ; Il parla aux serviteurs comme s'il était leur maître. Georges s'est soumis à tout, comme un chien qui veut mordre et n'ose pas. Mais il était souvent dur et brutal envers Madeleine, qui se contentait de hausser les épaules et de le traiter comme on le ferait d'un enfant agité. Elle s'étonna aussi de sa mauvaise humeur constante, et lui dit : « Je ne vous comprends pas. Vous êtes toujours en train de vous plaindre. Votre position est excellente.

Sa seule réponse fut de lui tourner le dos. Il déclara qu'il n'assisterait pas à la fête de M. Walter, qu'il ne franchirait pas le seuil du misérable juif. Depuis deux mois, Mme Walter lui écrivait tous les jours, le suppliant de venir la voir, de lui fixer un rendez-vous, afin qu'elle lui remette les soixante-dix mille francs qu'elle lui avait faits. Il ne répondit pas et jeta ses lettres au feu. Ce n'est pas qu'il eût refusé d'accepter sa part des bénéfices, mais il aimait la traiter avec mépris, la fouler aux pieds ; elle était trop riche ; Il serait inflexible.

Le jour de l'exposition du tableau, comme Madeleine lui reproche de ne pas y aller, il répond : « Laissez-moi en paix. Je resterai à la maison.

Après qu'ils eurent dîné, il dit soudain : « Je suppose que je vais devoir aller jusqu'au bout. Préparez-vous rapidement.

« Je serai prête dans quinze minutes, dit-elle.

Lorsqu'ils entrèrent dans la cour de l'hôtel de Carlsbourg, ce fut un éclat de lumière. Un tapis magnifique était étendu sur les marches qui conduisaient à l'entrée, et sur chacune d'elles se tenait un homme en livrée, rigide comme du marbre.

Le cœur de Du Roy était déchiré de jalousie. Lui et sa femme montèrent les marches et donnèrent leurs écharpes aux valets de pied qui s'approchaient d'eux.

À l'entrée du salon, deux enfants, l'un en rose, l'autre en bleu, distribuaient des bouquets aux dames.

Les chambres étaient déjà bien remplies. La majorité des dames étaient en costumes de ville, preuve qu'elles venaient là comme elles iraient à n'importe quelle exposition. Les quelques personnes qui avaient l'intention de rester au bal qui devait suivre portaient des vêtements de soirée.

Mme Walter, entourée d'amis, se tenait dans le second salon et recevait les visiteurs. Beaucoup ne la connaissaient pas et se promenaient dans les pièces comme dans un musée, sans prêter attention à l'hôte et à l'hôtesse.

Quand Virginie aperçut Du Roy, elle devint livide et fit un mouvement vers lui ; Puis elle s'arrêta et attendit qu'il avance. Il s'inclina cérémonieusement, tandis que Madeleine la saluait avec effusion. Georges laissa sa femme près de Mme Walter et se mêla aux invités. Cinq salons s'ouvraient l'un sur l'autre ; Ils étaient tapissés de riches tapis orientaux, et sur leurs murs étaient accrochés des tableaux de maîtres anciens. Comme il se frayait un chemin à travers la foule, quelqu'un lui saisit le bras, et une voix fraîche et juvénile lui murmura à l'oreille : « Ah ! te voilà enfin, vilain Bel-Ami ! Pourquoi ne vous voyons-nous plus jamais ?

C'était Suzanne Walter, avec ses yeux azur et sa riche chevelure dorée. Il était ravi de la voir et s'excusa en se serrant la main.

« J'ai été tellement occupé pendant deux mois que je n'ai été nulle part. »

Elle a répondu gravement : « C'est dommage. Tu nous as profondément affligés, car maman et moi nous t'adorons. Quant à moi, je ne peux pas me passer de vous. Si vous n'êtes pas là, je m'ennuie à mourir. Vous voyez, je vous le dis si franchement, que vous ne resterez plus ainsi absent. Donne-moi ton bras ; Je vais vous montrer moi-même « Le Christ marchant sur l'eau » ; C'est tout au bout, derrière le jardin d'hiver. Papa l'a remis là pour que tout le monde soit obligé de passer par les chambres. C'est étonnant de voir à quel point papa est fier de cette maison.

En traversant les pièces, tous se retournèrent pour regarder ce bel homme et cette fille envoûtante. Un peintre bien connu a dit : « Il y a un beau couple. » Georges pensa : « Si ma position avait été faite, je l'aurais épousée. Pourquoi n'y ai-je jamais pensé ? Comment aurais-je pu prendre l'autre ? Quelle folie ! On agit toujours trop hâtivement, on ne réfléchit jamais assez. Et le désir, l'amertume le possédait, corrompant tous ses plaisirs, rendant la vie odieuse.

Suzanne lui dit : « Il faut que tu viennes souvent, Bel-Ami ; Nous pouvons faire tout ce que nous voulons, maintenant papa est riche.

Il me répondit : « Oh, vous allez bientôt vous marier, un prince peut-être, et nous ne nous reverrons plus. »

Elle s'écria franchement : « Oh, oh, je ne le ferai pas ! Je choisirai quelqu'un que j'aime beaucoup. Je suis assez riche pour deux.

Il a souri ironiquement et a dit : « Je vous donne six mois. Vous serez alors madame la marquise, madame la duchesse ou madame la princesse, et vous me regarderez de haut, mademoiselle.

Elle fit semblant d'être en colère, lui tapota le bras avec son éventail et jura qu'elle se marierait selon les dictats de son cœur.

Il répondit : « Nous verrons ; vous êtes trop riche.

« Vous aussi, vous avez hérité d'un peu d'argent. »

« À peine vingt mille livres par an. C'est une maigre somme de nos jours.

« Mais ta femme a la même chose. »

« Oui, nous en avons un million ensemble ; quarante mille par an. Nous ne pouvons même pas garder une calèche dessus.

Entre-temps, ils étaient arrivés au dernier salon, et devant eux s'étendait la véranda avec ses arbustes et ses plantes rares. À leur gauche, sous un dôme de palmiers, se trouvait un bassin de marbre, sur les bords duquel quatre grands cygnes de faïence de Delft émettaient l'eau de leur bec.

Le journaliste s'arrêta et se dit : « C'est du luxe ; C'est le genre de maison dans laquelle il faut vivre. Pourquoi ne puis-je pas en avoir un ?

Son compagnon ne parla pas. Il la regarda et pensa une fois de plus : « Si seulement je l'avais prise ! »

Tout à coup, Suzanne sembla sortir de sa rêverie. — Allons, dit-elle en traînant Georges à travers un groupe qui leur barrait le chemin, et en le tournant à droite. Devant lui, entouré de verdure de tous côtés, s'offrait le tableau. Il fallait l'examiner de près pour le comprendre. C'était une grande œuvre, l'œuvre d'un maître, un de ces triomphes de l'art qui fournissent pendant des années matière à réflexion.

Du Roy la regarda pendant un certain temps, puis se détourna pour faire place à d'autres. La petite main de Suzanne reposait toujours sur son bras. Elle a demandé :

« Voulez-vous une coupe de champagne ? Nous irons au buffet ; Nous y trouverons papa.

Lentement, ils traversèrent les pièces bondées. Tout à coup, Georges entendit une voix qui disait : « C'est Laroche et Mme du Roy. »

Il se retourna et vit sa femme passer sur le bras du ministre. Ils parlaient à voix basse et se souriaient dans les yeux. Il croyait voir des gens chuchoter en les regardant, et il éprouvait le désir de tomber sur ces deux êtres et de les frapper à terre. Sa femme se moquait de lui. Qui était-elle ? Un petit parvenu astucieux, c'était tout. Il n'a jamais pu se frayer un chemin avec une femme qui l'a compromis. Elle serait une pierre d'achoppement sur son chemin. Ah, s'il avait prévu, s'il avait su. Il aurait joué pour des enjeux plus élevés. Quel brillant mariage il aurait pu faire avec la petite Suzanne ! Comment a-t-il pu être si aveugle ?

Ils arrivèrent à la salle à manger avec ses colonnes de marbre et ses murs tendus de vieilles tapisseries des Gobelins. Walter aperçut son éditeur et se hâta de lui serrer la main. Il était fou de joie. « Avez-vous tout vu ? Dis, Suzanne, lui as-tu tout montré ? Combien de gens, hein ? Avez-vous vu Prince de Guerche ? Il a juste bu un verre de punch. Puis il s'est jeté sur le sénateur Rissolin et sa femme.

Un monsieur salua Suzanne, un homme grand et mince, aux moustaches blondes et à l'air mondain. Georges l'entendit l'appeler marquis de Cazolles, et il fut soudain pris de jalousie. Depuis combien de temps le connaissait-elle ? Depuis qu'elle était devenue riche sans doute. Il voyait en lui un prétendant possible. Quelqu'un lui saisit le bras. C'était Norbert de Varenne. Le vieux poète a dit : « C'est ce qu'ils appellent s'amuser. Au bout d'un moment, ils danseront, puis ils se retireront et les jeunes filles seront satisfaites. Prenez du champagne ; C'est excellent.

Georges entendit à peine ses paroles. Il cherchait Suzanne, qui était partie avec le marquis de Cazolles ; il quitta brusquement Norbert de Varenne et se mit à la poursuite de la jeune fille. La foule assoiffée l'arrêta ; quand il l'eut traversée, il se trouva face à face avec M. et Mme de Marelle. Il avait souvent rencontré la femme, mais il n'avait pas rencontré le mari depuis un certain temps ; celui-ci lui saisit les deux mains et le remercia du message qu'il lui avait envoyé par Clotilde au sujet des crosses.

Du Roy répondit : « En échange de ce service, je prendrai votre femme, ou plutôt je lui offrirai mon bras. Le mari et la femme devraient toujours être séparés.

M. de Marelle s'inclina. — Très bien. Si je vous perds, nous pourrons nous revoir ici dans une heure.

Les deux jeunes gens ont disparu dans la foule, suivis par le mari. Mme de Marelle dit : « Il y a deux filles qui auront vingt ou trente millions chacune, et Suzanne est jolie en plus. »

Il ne répondit rien ; Sa propre pensée, venant de la bouche d'un autre, l'irritait. Il emmène Clotilde voir le tableau. En traversant la véranda, il aperçut sa femme assise près de Laroche-Mathieu, tous deux presque cachés derrière un groupe de plantes. Ils semblaient dire : « Nous avons une réunion publique, car nous ne nous soucions pas de l'opinion du monde. »

Mme de Marelle admira le tableau de Karl Marcovitch, et ils se tournèrent vers les autres pièces. Ils furent séparés de M. de Marelle. Il demanda : « Laurine est-elle toujours fâchée contre moi ? »

« Oui. Elle refuse de vous voir et s'en va quand on parle de vous.

Il n'a pas répondu. L'inimitié soudaine de l'enfant l'affligeait et l'agaçait.

Suzanne les rencontra à une porte et s'écria : « Oh ! vous voilà ! Maintenant, Bel-Ami, on va te laisser tranquille, car je vais emmener Clotilde voir ma chambre. Et les deux femmes se glissèrent à travers la foule. À ce moment, une voix à ses côtés murmura : « Georges ! »

C'était Mme Walter. Elle continua à voix basse : « Comme vous êtes cruelle ! Comme tu m'infliges inutilement des souffrances. J'ai ordonné à Suzanne d'emmener cette femme pour que j'aie un mot avec vous. Écoutez, il faut que je vous parle ce soir, ou... ou... ou vous ne savez pas ce que je vais faire. Entrez dans la véranda. Vous trouverez une porte à gauche par laquelle vous pouvez accéder au jardin. Suivez la promenade directement devant vous. Au bout de celle-ci, vous verrez une tonnelle. Attendez-moi dans dix minutes. Si vous ne me rencontrez pas, je vous jure que je ferai un scandale ici tout de suite !

Il me répondit d'un ton hautain : « Très bien, je serai à l'endroit que vous avez indiqué dans dix minutes. »

Mais Jacques Rival le retint. Lorsqu'il fut arrivé dans l'allée, il aperçut devant lui Mme Walter ; elle s'écria : « Ah ! vous voilà ! Voulez-vous me tuer ?

Il répondit calmement : « Je t'en supplie, rien de tout cela, ou je te quitterai tout de suite. »

Jetant ses bras autour de son cou, elle s'écria : « Qu'est-ce que je t'ai fait pour que tu me traites ainsi ? »

Il a essayé de la repousser : « La dernière fois que nous nous sommes rencontrés, tu as tordu tes cheveux autour des boutons de mon manteau, et cela a causé des problèmes entre ma femme et moi. »

Elle secoua la tête : « Ah, ta femme s'en moque. C'est une de vos maîtresses qui a fait une scène.

« Je n'en ai aucun. »

— En effet ! Pourquoi ne venez-vous jamais me voir ? Pourquoi refusez-vous de dîner avec moi, même une fois par semaine ? Je n'ai pas d'autres pensées que pour vous. Je souffre terriblement. Vous ne comprenez pas que votre image, toujours présente, me ferme la gorge, m'étouffe, et me laisse à peine la force de remuer mes membres pour marcher. Je reste donc toute la journée dans mon fauteuil à penser à vous.

Il la regarda avec étonnement. C'étaient les mots d'une femme désespérée, capable de tout. Il caressa cependant un vague projet et répondit : « Ma chère, l'amour n'est pas éternel. On aime et on cesse d'aimer. Quand cela dure, cela devient un inconvénient. Je n'en veux rien ! Cependant, si vous voulez être raisonnable, et si vous voulez me recevoir et me traiter comme un ami, je finirai par vous voir comme autrefois. Pouvez-vous faire ça ?

Elle murmura : « Je peux tout pour te voir. »

« Alors il est convenu que nous serons amis, rien de plus. »

Elle haleta : « C'est convenu » ; lui offrant ses lèvres, elle s'écria dans son désespoir : « Encore un baiser, encore un dernier baiser ! »

Il recula doucement. « Non, nous devons respecter nos règles. »

Elle tourna la tête et essuya deux larmes, puis, tirant de sa poitrine un paquet de billets attachés par un ruban rose, elle le tendit à Du Roy : « Voici votre part des bénéfices dans cette affaire marocaine. J'étais si heureux de le faire pour vous. Tenez, prenez-le.

Il a refusé : « Non, je ne peux pas accepter cet argent. »

Elle s'est enthousiasmée : « Oh, vous ne le refuserez pas maintenant ! C'est à vous, à vous seul. Si vous ne le prenez pas, je le jetterai dans les égouts. Tu ne le refuseras pas, Georges !

Il prit le paquet et le glissa dans sa poche : « Il faut rentrer à la maison ; tu vas prendre froid.

« Tant mieux ; si seulement je pouvais mourir !

Elle lui saisit la main, la baisa passionnément et s'enfuit vers la maison. Il revint plus tranquillement et entra dans la véranda, la tête droite et les lèvres souriantes. Sa femme et Laroche n'y sont plus. La foule s'était éclaircie. Suzanne, s'appuyant sur le bras de sa sœur, s'avança vers lui. Au bout de quelques instants, Rose, à qui l'on parlait d'un certain comte, tourna les talons et les quitta.

Du Roy, se trouvant seul avec Suzanne, dit d'une voix caressante : « Écoute, ma chère petite ; Me considères-tu vraiment comme un ami ?

— Mais oui, Bel-Ami.

« Tu as confiance en moi ? »

« Une foi parfaite. »

« Vous souvenez-vous de ce que je vous ai dit il y a quelque temps ? »

« À propos de quoi ? »

— De ton mariage, ou plutôt de l'homme que tu épouserais.

« Oui. »

« Eh bien, voulez-vous me promettre une chose ? »

— Oui ; Qu'est-ce que c'est ?

« De me consulter quand on reçoit une proposition et de n'accepter personne sans me demander conseil. »

« Oui, je le ferai volontiers. »

— Et ce sera un secret entre nous, pas un mot à ton père ou à ta mère.

« Pas un mot. »

Rival s'approcha d'eux en disant : « Mademoiselle, votre père veut que vous entriez dans la salle de bal. »

Elle lui dit : « Viens, Bel-Ami », mais il refusa, car il avait décidé de partir tout de suite, voulant être seul avec ses pensées. Il partit à la recherche de sa femme et la trouva en train de boire du chocolat au buffet avec deux hommes étranges. Elle a présenté son mari sans les nommer.

Peu de temps après, il demanda : « Allons-nous y aller ? »

« Quand tu veux. »

Elle lui prit le bras et ils traversèrent les pièces presque désertes.

Madeleine demanda : « Où est Mme Walter ; Je voudrais lui dire adieu.

« C'est inutile. Elle essayait de nous garder dans la salle de bal, et j'en ai assez.

« Vous avez raison. »

Sur le chemin du retour, ils ne parlèrent pas. Mais quand ils furent entrés dans leur chambre, Madeleine, sans même ôter son voile, lui dit en souriant : « J'ai une surprise pour vous. »

Il grogna d'un ton méchant : « Qu'est-ce qu'il y a ? »

« Devinez. »

« Je ne peux pas faire l'effort. »

« Après-demain, c'est le premier janvier. »

« Oui. »

« C'est la saison des cadeaux du Nouvel An. »

« Oui. »

— Voici le vôtre, que Laroche m'a remis tout à l'heure. Elle lui donna une petite boîte noire qui ressemblait à un coffret de bijoux.

Il l'ouvrit indifféremment et vit la croix de la Légion d'honneur. Il pâlit un peu, puis sourit et dit : « J'aurais préféré dix millions. Cela ne lui a pas coûté grand-chose.

Elle s'attendait à un transport de joie et était irritée de son indifférence.

« Vous êtes incompréhensible. Rien ne semble vous satisfaire.

Il répondit calmement : « Cet homme ne fait que payer ses dettes ; Il me doit beaucoup plus.

Elle fut étonnée de son ton et lui dit : « C'est pourtant très gentil à ton âge. »

Il a répondu : « Je devrais en avoir beaucoup plus. »

Il prit le coffret, le posa sur la cheminée et regarda pendant quelques minutes l'étoile brillante qui s'y trouvait, puis il le referma avec un haussement d'épaules et commença à se préparer à se retirer.

L'Officiel du 1er janvier annonçait que M. Prosper Georges du Roy avait été décoré de la Légion d'honneur pour services exceptionnels. Le nom s'écrivait en deux mots, ce qui procurait à Georges plus de plaisir que la décoration elle-même.

Une heure après avoir lu cet avis, il reçut un billet de Mme Walter qui l'invitait à venir dîner avec sa femme ce soir-là, pour célébrer sa distinction.

Il hésita d'abord, puis, jetant la lettre au feu, il dit à Madeleine : « Nous dînerons ce soir chez les Walters. »

Dans sa surprise, elle s'exclama : « Eh bien, je pensais que vous ne remettriez jamais les pieds dans leur maison. »

Sa seule réponse a été : « J'ai changé d'avis. »

Lorsqu'ils arrivèrent rue du Faubourg Saint-Honoré, ils trouvèrent Mme Walter seule dans le délicat boudoir où elle recevait ses amis intimes. Elle était vêtue de noir et ses cheveux étaient poudrés. De loin, elle apparaissait comme une vieille dame, à proximité, comme une jeune femme.

— Êtes-vous en deuil ? demanda Madeleine.

Elle a répondu tristement : « Oui et non. Je n'ai perdu aucun de mes proches, mais je suis arrivé à un âge où l'on doit porter des couleurs sombres. Je le porte aujourd'hui pour l'inaugurer ; jusqu'à présent, je l'ai porté dans mon cœur.

Le dîner fut quelque peu fastidieux. Suzanne seule parlait sans cesse. Rose semblait préoccupée. Le journaliste fut submergé de félicitations, après le repas, quand tout le monde se rendit aux salons. Mme Walter le retint au moment où ils allaient entrer dans le salon en lui disant : « Je ne te parlerai plus jamais de rien, je ne viendrai me voir que Georges. Il m'est impossible de vivre sans vous. Je te vois, je te sens, dans mon cœur toute la journée et toute la nuit. C'est comme si j'avais bu un poison qui me poursuivait. Je ne peux pas le supporter. Je préférerais être pour toi comme une vieille femme. C'est pour cette raison que j'ai poudré mes cheveux ce soir ; mais venez ici, venez de temps en temps en ami.

Il a répondu calmement : « Très bien. Il n'est pas nécessaire d'en reparler. Vous voyez que je suis venu aujourd'hui à la réception de votre lettre.

Walter, qui les avait précédés, avec ses deux filles et Madeleine, attendait Du Roy près de l'image du « Christ marchant sur l'eau ».

« Songez seulement, dit-il, j'ai trouvé hier ma femme agenouillée devant ce tableau comme dans une chapelle. Elle priait !

Mme Walter répondit d'une voix ferme, d'une voix où vibrait une exaltation secrète : « Que le Christ sauve mon âme. Il me donne un nouveau courage et une nouvelle force chaque fois que je le regarde. Et, s'arrêtant devant le tableau, elle murmura : « Qu'il est beau ! Comme ces hommes sont effrayés et comme ils l'aiment ! Regardez sa tête, ses yeux, comme il est simple et surnaturel à la fois !

Suzanne s'écria : « Mais il te ressemble, Bel-Ami ! Je suis sûr qu'Il vous ressemble. La ressemblance est frappante.

Elle l'a fait se tenir à côté du tableau et tout le monde a reconnu la ressemblance. Du Roy était embarrassé. Walter trouva cela très singulier ; Madeleine, en souriant, remarqua que Jésus avait l'air plus viril. Mme Walter restait immobile, fixant fixement le visage de son amant, les joues aussi blanches que ses cheveux.

CHAPITRE XVI.
DIVORCE

Pendant le reste de l'hiver, les Du Roy rendaient souvent visite aux Walter. Georges aussi y dînait souvent seul, Madeleine alléguant la fatigue et préférant rester à la maison. Il avait choisi le vendredi pour jour, et Mme Walter n'invitait jamais personne d'autre ce soir-là ; il appartenait à Bel-Ami. Souvent dans un coin sombre ou derrière un arbre de la véranda, Mme Walter embrassait le jeune homme et lui murmurait à l'oreille : « Je t'aime, je t'aime ! Je t'aime désespérément !

Mais il la repoussait toujours froidement, en disant : « Si tu persistes dans cette voie, je ne reviendrai plus. »

Vers la fin du mois de mars, on parla du mariage des deux sœurs : Rose devait épouser, selon Dame Rumeur, le comte de Latour-Ivelin et Suzanne, le marquis de Cazolles. Le sujet du mariage possible de Suzanne n'avait pas été abordé de nouveau entre elle et Georges, jusqu'à ce qu'un matin, celui-ci ayant été ramené à déjeuner par M. Walter, il dit tout bas à Suzanne : « Allons, donnons du pain au poisson. »

Ils se rendirent au conservatoire où se trouvait le bassin de marbre contenant les poissons. Lorsque Georges et Suzanne se penchent par-dessus son bord, ils voient leurs reflets dans l'eau et leur sourient. Tout à coup, il dit à voix basse : « Ce n'est pas bien de votre part de me cacher des secrets, Suzanne. »

Elle a demandé :

— Quels secrets, Bel-Ami ?

« Vous souvenez-vous de ce que vous m'avez promis ici le soir de la fête ? »

« Non. »

« De me consulter chaque fois que vous recevez une proposition. »

« Eh bien ? »

« Eh bien, vous en avez reçu un ! »

« De qui ? »

— Vous le savez très bien.

« Non, je vous jure que non. »

« Oui, vous le savez. C'est de cette fop d'un marquis de Cazolles.

« Ce n'est pas un fop. »

— C'est possible, mais il est stupide. Il n'est pas de taille à vous qui êtes si jolie, si fraîche, si brillante !

Elle demanda en souriant : « Qu'avez-vous contre lui ? »

« Moi ? Rien !

« Oui, vous l'avez fait. Il n'est pas tout ce que vous dites qu'il est.

« C'est un imbécile et un intrigant. »

Elle lui jeta un coup d'œil : « Qu'est-ce qui vous fait mal ? »

Il parlait comme s'il arrachait un secret du fond de son cœur : « Je suis, je suis jaloux de lui. »

Elle était stupéfaite.

« Toi ? »

« Oui, moi. »

« Pourquoi ? »

« Parce que je t'aime et que tu le sais »

Puis elle dit sévèrement : « Tu es folle, Bel-Ami ! »

Il a répondu : « Je sais que je le suis ! Dois-je l'avouer, moi, un homme marié, à vous, une jeune fille ? Je suis pire que fou, je suis coupable, misérable, je n'ai aucun espoir possible, et cette pensée détruit presque ma raison. Quand j'apprends que tu vas te marier, je ressens un meurtre dans mon cœur. Vous devez me pardonner, Suzanne.

Il s'arrêta. La jeune fille murmura moitié tristement, moitié gaiement : « C'est dommage que vous soyez marié ; Mais que pouvez-vous faire ? On ne peut rien y faire.

Il se tourna brusquement vers elle et lui dit : « Si j'étais libre, m'épouseriez-vous ? »

Elle répondit : « Oui, Bel-Ami, je t'épouserais parce que je t'aime plus que tout autre. »

Il se leva et, balbutiant : « Merci, merci, ne dites oui à personne, je vous en supplie. Attendez un moment. Promets-le-moi.

Un peu confuse, et sans comprendre ce qu'il demandait, elle murmura : « Je te le promets. »

Du Roy jeta un gros morceau de pain dans l'eau et s'enfuit, sans dire adieu, comme s'il était hors de lui. Suzanne, surprise, retourna au salon.

Quand Du Roy arriva à la maison, il demanda à Madeleine, qui écrivait des lettres : « Dînerez-vous chez les Walters ? Je m'en vais.

Elle hésite : « Non, je ne vais pas bien. Je préfère rester ici.

— Comme vous voudrez. Personne ne vous forcera. Puis il prit son chapeau et sortit.

Pendant un certain temps, il l'avait observée et suivie, connaissant toutes ses actions. Le temps qu'il avait attendu était enfin venu.

Le vendredi, il s'habilla de bonne heure, afin, disait-il, de faire plusieurs visites avant d'aller chez M. Walter. Vers six heures, après avoir embrassé sa femme, il partit à la recherche d'un fiacre. Il dit au cocher : « Tu peux t'arrêter au n° 17 de la rue Fontaine, et y rester jusqu'à ce que je t'ordonne de continuer. Ensuite, vous pourrez m'emmener au restaurant Du Coq-Faisan, rue Lafayette.

Le fiacre roulait lentement ; Du Roy baissa les stores. Lorsqu'il était devant sa maison, il la surveillait. Après avoir attendu dix minutes, il vit Madeleine sortir et se diriger vers les boulevards. Quand elle fut hors de portée de voix, il passa la tête par la fenêtre et cria : « Allez-y ! »

Le fiacre continua sa route et s'arrêta au Coq-Faisan. Georges entra dans la salle à manger et mangea lentement, regardant de temps en temps sa montre. À sept heures et demie, il partit et se rendit rue La Rochefoucauld. Il monta au troisième étage d'une maison de cette rue, et demanda à la femme de chambre qui ouvrait la porte : « M. Guibert de Lorme est-il chez lui ? »

– Oui, monsieur.

On le fit entrer dans le salon, et, après avoir attendu quelque temps, un homme de grande taille, à l'allure militaire et aux cheveux gris, entra. Il était le commissaire de police.

Du Roy s'inclina puis dit : « Comme je le soupçonnais, ma femme est avec son amant dans des appartements meublés qu'ils ont loués rue des Martyrs. »

Le magistrat s'inclina : « Je suis à votre service, monsieur. »

« Très bien, j'ai un fiacre en bas. » Et, avec trois autres officiers, ils se rendirent à la maison où Du Roy s'attendait à surprendre sa femme. Un agent est resté à la porte pour surveiller la sortie ; Au deuxième étage, ils s'arrêtèrent ; Du Roy sonna et ils attendirent. Au bout de deux ou trois minutes, Georges sonna de nouveau plusieurs fois de suite. Ils entendirent un pas léger s'approcher, et une voix de femme, évidemment déguisée, demanda :

« Qui est là ? »

Le policier a répondu : « Ouvert au nom de la loi. »

La voix répéta : « Qui êtes-vous ? »

« Je suis le commissaire de police. Ouvre, ou je force la porte.

La voix continua : « Que voulez-vous ? »

Du Roy l'interrompit : « C'est moi ; Il est inutile d'essayer de nous échapper.

Les pas s'éloignèrent puis revinrent. Georges dit : « Si tu n'ouvres pas, on forcera la porte. »

N'ayant pas de réponse, il secoua si violemment la porte que la vieille serrure céda, et le jeune homme faillit tomber sur Madeleine, debout dans l'antichambre, en jupon, les cheveux dénoués, les pieds nus, la bougie à la main.

Il s'exclama : « C'est elle. Nous les avons attrapés, » et il se précipita dans la chambre. Le commissaire se tourna vers Madeleine, qui les avait suivis à travers les chambres, dans l'une desquelles se trouvaient les restes d'un souper, et, la regardant dans les yeux, il lui dit :

— Vous êtes Mme Claire Madeleine du Roy, épouse légitime de M. Prosper Georges du Roy, ici présent ?

Elle a répondu : « Oui, monsieur. »

« Qu'est-ce que tu fais ici ? »

Elle ne répondit pas. L'officier a répété sa question ; Elle ne répondit toujours pas. Il attendit quelques instants, puis lui dit : « Si vous n'avouez pas, madame, je serai forcé de m'enquérir. »

Ils pouvaient voir la forme d'un homme dissimulée sous les couvertures du lit. Du Roy s'avança doucement et découvrit la figure livide de M. Laroche-Mathieu.

L'officier a de nouveau demandé : « Qui êtes-vous ? »

Comme l'homme ne répondait pas, il a poursuivi : « Je suis le commissaire de police et je vous appelle pour que vous me disiez votre nom. Si tu ne réponds pas, je serai forcé de t'arrêter. Dans tous les cas, levez-vous. Je t'interrogerai quand tu seras habillé.

Cependant Madeleine avait repris son sang-froid, et, voyant que tout était perdu, elle était résolue à faire bonne figure. Ses yeux brillaient de l'audace de la bravade, et, prenant un morceau de papier, elle alluma les dix bougies du candélabre comme pour une réception. Cela fait, elle s'appuya contre la cheminée, sortit une cigarette d'un étui et se mit à fumer, semblant ne pas voir son mari.

Entre-temps, l'homme dans le lit s'était habillé et s'était avancé. L'officier se tourna vers lui : « Maintenant, monsieur, voulez-vous me dire qui vous êtes ? »

Il ne répondit pas.

« Je vois que je vais devoir vous arrêter. »

Alors l'homme s'écria : « Ne me touche pas. Je suis inviolable.

Du Roy s'élança vers lui en s'écriant : « Je peux te faire arrêter si je le veux ! » Puis il ajoutait : « Cet homme s'appelle Laroche-Mathieu, ministre des Affaires étrangères. »

L'officier recula et balbutia : « Monsieur, voulez-vous me dire qui vous êtes ? »

Pour une fois, ce misérable n'a pas menti. Je suis bien Laroche-Mathieu, ministre, et, montrant la poitrine de Georges, il ajouta, et ce scélérat porte sur son habit la croix d'honneur que je lui ai donnée.

Du Roy pâlit. D'un geste rapide, il arracha la décoration de sa boutonnière et, la jetant au feu, s'écria : « C'est ce que vaut une décoration qui est donnée par un scélérat de votre ordre. »

Le commissaire s'interposa entre eux, alors qu'ils se trouvaient face à face, en disant : « Messieurs, vous vous oubliez vous-mêmes et votre dignité. »

Madeleine continua à fumer calmement, un sourire aux lèvres. L'officier continua : « Monsieur, je vous ai surpris seul avec Mme du Roy dans des circonstances suspectes ; Qu'avez-vous à dire ?

— Rien ; fais ton devoir.

Le commissaire se tourna vers Madeleine : « Avouez-vous, madame, que ce monsieur est votre amant ? »

Elle répondit hardiment : « Je ne le nie pas. C'est suffisant.

Le magistrat prit plusieurs notes ; Quand il eut fini d'écrire, le ministre, qui se tenait prêt, le manteau sur le bras, le chapeau à la main, demanda : « Avez-vous encore besoin de moi, monsieur ? Puis-je y aller ?

Du Roy s'adressa à lui avec un sourire insolent : « Pourquoi partirais-tu, nous avons fini ; Nous vous laisserons seuls ensemble. Puis, prenant le bras de l'officier, il lui dit : « Allons-y, monsieur ; Nous n'avons plus rien à faire dans cet endroit.

Une heure après, Georges du Roy entrait dans le bureau de la Vie française. M. Walter y était ; il leva la tête et demanda : « Quoi, tu es ici ? Pourquoi ne dînez-vous pas chez moi ? D'où venez-vous ?

Georges répondit avec emphase : « Je viens d'apprendre quelque chose sur le ministre des Affaires étrangères. »

« Quoi ? »

« Je l'ai trouvé seul avec ma femme dans des appartements loués. Le commissaire de police a été mon témoin. Le ministre est ruiné.

« Tu ne plaisantes pas ? »

« Non, je ne le suis pas. J'écrirai même un article à ce sujet.

« Quel est votre but ? »

— Pour renverser ce misérable, ce malfaiteur public.

Georges posa son chapeau sur une chaise et ajouta : « Malheur à ceux que je trouve sur mon chemin. Je ne pardonne jamais.

Le gérant balbutia : « Mais votre femme ? »

— Je vais demander le divorce tout de suite.

« Un divorce ? »

« Oui, je suis maître de la situation. Je serai libre. J'ai un revenu déclaré. Je me présenterai comme candidat en octobre dans ma circonscription natale, où je suis connu. Je ne pourrais gagner aucun respect si je devais être gêné par une femme dont l'honneur était souillé. Elle m'a pris pour un simplet, mais depuis que je connais son jeu, je l'ai observée, et maintenant je vais m'en sortir, car je serai libre.

Georges rose.

« Je vais écrire l'article ; Il doit être géré avec prudence.

Le vieillard hésita, puis dit : « Faites-le : cela sert à ceux qui ont raison qui sont pris dans de telles égratignures. »

CHAPITRE XVII.
L'INTRIGUE FINALE

Trois mois s'étaient écoulés. Le divorce de Georges du Roy est obtenu. Sa femme avait repris le nom de Forestier.

Comme les Walter se rendaient à Trouville le 15 juillet, ils décidèrent de passer une journée à la campagne avant de partir.

Le jour choisi était le jeudi, et ils partirent à neuf heures du matin dans une grande voiture à six places tirée par quatre chevaux. Ils allaient déjeuner à Saint-Germain. Bel-Ami avait demandé à être le seul jeune homme de la fête, car il ne supportait pas la présence du marquis de Cazolles. Au dernier moment, cependant, il fut décidé que le comte de Latour-Ivelin partirait, car Rose et lui étaient fiancés depuis un mois. La journée était délicieuse. Georges, qui était très pâle, regarda Suzanne pendant qu'ils étaient assis dans la voiture et leurs yeux se rencontrèrent.

Mme Walter était contente et heureuse. Le déjeuner fut long et joyeux. Avant de partir pour Paris, Du Roy lui propose une promenade en terrasse. Ils se sont arrêtés en chemin pour admirer la vue ; en passant, Georges et Suzanne s'attardèrent en arrière. Le premier murmura doucement : « Suzanne, je t'aime à la folie. »

Elle murmura en retour : « Je t'aime aussi, Bel-Ami. »

Il a poursuivi : « Si je ne peux pas t'avoir pour épouse, je quitterai le pays. »

Elle a répondu : « Demande à papa. Peut-être y consentira-t-il.

Il répondit avec impatience : « Non, je répète que c'est inutile ; La porte de la maison serait fermée devant moi. Je perdrais ma position dans la revue, et nous ne nous rencontrerions même pas. Telles sont les conséquences qu'une proposition formelle produirait. Ils vous ont promis au marquis de Cazolles ; Ils espèrent que vous allez enfin dire 'oui' et ils attendent.

« Que pouvons-nous faire ? »

« As-tu le courage de braver ton père et ta mère pour moi ? »

« Oui. »

« Vraiment ? »

« Oui. »

— Eh bien ! Il n'y a qu'un seul moyen. Cela doit venir de vous et non de moi. Vous êtes un enfant gâté ; Ils vous laissent dire n'importe quoi et ne s'étonnent pas de l'audace de votre part. Écoutez donc ! Ce soir, en rentrant chez toi, va d'abord trouver ta mère et dis-lui que tu veux m'épouser. Elle sera très agitée et très en colère.

Suzanne l'interrompit : « Oh ! maman serait contente. »

Il m'a répondu vivement : « Non, non, vous ne la connaissez pas. Elle sera plus vexée que ton père. Mais vous devez insister, vous ne devez pas céder ; Vous devez répéter que vous m'épouserez et moi seul. Voulez-vous le faire ?

« Je le ferai. »

— Et en quittant ta mère, répète la même chose à ton père avec beaucoup de détermination.

— Eh bien, et puis...

« Et alors les choses atteindront leur paroxysme ! Si vous êtes déterminée à être ma femme, ma chère, ma chère, ma petite Suzanne, je m'enfuirai avec vous.

Elle battit des mains, à mesure que lui revenaient à l'esprit toutes les charmantes aventures des romans qu'elle avait lus, et s'écria :

« Oh, quel bonheur ! Quand vas-tu t'enfuir avec moi ?

Il murmura tout bas : « Ce soir ! »

« Où irons-nous ? »

« C'est mon secret. Pensez bien à ce que vous faites. N'oubliez pas qu'après ce vol, vous devez devenir ma femme. C'est le seul moyen, mais c'est dangereux, très dangereux pour vous.

« J'ai décidé. Où vous rencontrerai-je ?

— Retrouvez-moi vers minuit sur la place de la Concorde.

« J'y serai. »

Il lui serra la main. « Oh, comme je t'aime ! Comme vous êtes courageux et bon ! Vous ne voulez donc pas épouser le marquis de Cazolles ?

« Oh, non ! »

Mme Walter, tournant la tête, s'écria : « Viens, petite ; que faites-vous avec Bel-Ami ?

Ils rejoignirent les autres et revinrent par Chatou. Lorsque la voiture arriva à la porte de l'hôtel, Mme Walter pressa Georges de dîner avec eux, mais il refusa et rentra chez lui pour examiner ses papiers et détruire toutes les lettres compromettantes. Puis il se rendit en fiacre avec une hâte fiévreuse au lieu de rendez-vous. Il attendit là quelque temps, et, pensant que sa bien-aimée l'avait trompé, il allait partir, lorsqu'une voix douce chuchota à la porte de son fiacre : « Es-tu là, Bel-Ami ? »

« C'est toi, Suzanne ? »

« Oui. »

« Ah, montez. » Elle entra dans le fiacre et il ordonna au cocher de continuer.

Il demanda : « Eh bien, comment tout cela s'est-il passé ? »

Elle murmura faiblement :

« Oh, c'était terrible, surtout avec maman. »

« Ta maman ? Qu'est-ce qu'elle a dit? Dis-le moi !

« Oh, c'était affreux ! J'entrai dans sa chambre et fis le petit discours que j'avais préparé. Elle pâlit et pleura : « Jamais ! » J'ai pleuré, j'ai protesté que je n'épouserais que toi ; elle était comme une folle ; elle a juré que je serais envoyé dans un couvent. Je ne l'ai jamais vue comme ça, jamais. Papa, entendant ses paroles agitées, entra. Il n'était pas aussi en colère qu'elle, mais il a dit que tu n'étais pas un bon match pour moi. Comme ils m'avaient vexé, je parlai plus fort qu'eux, et papa, d'un air dramatique, me dit de sortir de la chambre. Cela m'a décidé à voler avec vous. Et me voilà ; Où irons-nous ?

Il répondit, en lui entourant la taille de son bras : « Il est trop tard pour prendre le train ; ce fiacre nous emmènera à Sèvres où nous pourrons passer la nuit, et demain nous partirons pour La Roche-Guyon. C'est un joli village en bord de Seine entre Mantes et Bonnières.

Le fiacre se mit en marche. Georges prit la main de la jeune fille et la baisa respectueusement. Il ne savait que lui dire, n'étant pas habitué à l'affection platonique. Tout à coup, il s'aperçut qu'elle pleurait. Il demanda avec effroi :

« Qu'as-tu, ma chère petite ? »

Elle me répondit en pleurant : « Je croyais que la pauvre maman ne dormirait pas si elle avait appris que j'étais partie ! »

Sa mère, en effet, ne dormait pas.

Quand Suzanne a quitté la pièce, la mienne. Walter se tourna vers son mari et lui demanda avec désespoir : « Qu'est-ce que cela signifie ? »

"Cela signifie que cet intrigant l'a influencée. C'est lui qui lui a fait refuser Cazolles. Vous l'avez flatté et cajolé aussi. C'était

Bel-Ami ici, Bel-Ami là, du matin au soir. Maintenant, vous êtes payé pour cela !

« Moi ? »

« Oui, vous. Vous vous êtes autant entichés de lui que de Madeleine, de Suzanne et des autres. Pensez-vous que je n'ai pas vu que vous ne pourriez pas exister deux jours sans lui ?

Elle se leva tragiquement : « Je ne vous permettrai pas de me parler ainsi. Vous oubliez que je n'ai pas été élevé comme vous, dans une boutique.

Avec un juron, il quitta la pièce en frappant la porte derrière lui.

Quand il fut parti, elle pensa à tout ce qui s'était passé. Suzanne était amoureuse de Bel-Ami, et Bel-Ami voulait épouser Suzanne ! Non, ce n'était pas vrai ! Elle se trompait ; il ne serait pas capable d'une telle action ; il ne savait rien de l'escapade de Suzanne. Ils emmèneraient Suzanne pendant six mois et cela mettrait fin à l'histoire.

Elle se leva en disant : « Je ne peux pas me reposer dans cette incertitude. Je perdrai la raison. Je vais réveiller Suzanne et l'interroger.

Elle se dirigea vers la chambre de sa fille. Elle entra ; il était vide ; On n'avait pas dormi dans le lit. Un horrible soupçon la posséda et elle s'envola vers son mari. Il était au lit, en train de lire.

Elle haleta : « Avez-vous vu Suzanne ? »

— Non, pourquoi ?

— Elle est... partie ! Elle n'est pas dans sa chambre.

D'un bond, il fut hors du lit ; Il se précipita dans la chambre de sa fille ; ne la trouvant pas là, il s'enfonça dans une chaise. Sa femme l'avait suivi.

« Eh bien ? » demanda-t-elle.

Il n'eut pas la force de répondre : il n'était plus en colère ; il gémit : « Il l'a, nous sommes perdus. »

« Perdu, comment ? »

— Eh bien, il faut qu'il l'épouse maintenant !

Elle pleura follement : « Épousez-la, jamais ! Es-tu fou ?

Il répondit tristement : « Ça ne sert à rien de crier ! Il l'a déshonorée. La meilleure chose à faire est de la lui donner, et tout de suite ; alors personne ne saura de cette escapade.

Elle répéta avec une grande agitation : « Jamais ; il n'aura jamais Suzanne.

Vaincu, Walter murmura : « Mais il l'a. Et il la gardera tant que nous ne céderons pas ; Par conséquent, pour éviter un scandale, nous devons le faire immédiatement.

Mais sa femme répondit : « Non, non, je n'y consentirai jamais. »

Il reprit avec impatience : « C'est une question de nécessité. Ah, le scélérat, comme il nous a trompés ! Mais il est astucieux en tout cas. Elle aurait peut-être fait mieux en ce qui concerne la position, mais pas l'intelligence et l'avenir. C'est un jeune homme prometteur. Il sera un jour député ou ministre.

Mme Walter, cependant, répétait sauvagement : « Je ne le laisserai jamais épouser Suzanne ! Entendez-vous... jamais !

À son tour, il s'irrita et, comme un homme pratique, défendit Bel-Ami. « Taisez-vous ! Je vous dis qu'il faut qu'il l'épouse ! Et qui sait ? Peut-être ne le regretterons-nous pas ! Avec des hommes de sa trempe, on ne sait jamais ce qui peut arriver. Vous avez vu comment il a abattu Laroche-Mathieu en trois articles, et cela avec une dignité qu'il était très difficile de maintenir dans sa position d'époux. Alors, nous verrons.

Mme Walter éprouva le désir de pleurer à haute voix et de s'arracher les cheveux. Mais elle ne fit que répéter avec colère : « Il ne l'aura pas ! »

Walter se leva, prit sa lampe et dit : « Vous êtes stupide, comme toutes les femmes ! Vous n'agissez que sur un coup de tête. Vous ne savez pas comment vous adapter aux circonstances. Vous êtes stupide ! Je vous dis qu'il l'épousera ; c'est essentiel. Et il quitta la pièce.

Mme Walter restait seule avec sa souffrance, son désespoir. Si seulement un prêtre était à portée de main ! Elle se jetterait à ses pieds et lui avouerait toutes ses erreurs et ses angoisses, il empêcherait le mariage ! Où pouvait-elle trouver un prêtre ? Vers qui doit-elle se tourner ? Devant ses yeux flottait, comme une vision, le visage calme du « Christ marchant sur l'eau », tel qu'elle l'avait vu dans le tableau. Il semblait lui dire : « Viens à moi, agenouille-toi à mes pieds. Je vais vous consoler et vous instruire sur ce qu'il faut faire.

Elle prit la lampe et chercha la véranda ; Elle ouvrit la porte qui donnait dans la pièce où se trouvait l'énorme toile, et tomba à genoux devant elle. D'abord, elle priait avec ferveur, mais en levant les yeux et en voyant la ressemblance avec Bel-Ami, elle murmura : « Jésus, Jésus... » tandis que ses pensées étaient avec sa fille et son amant. Elle poussa un cri sauvage, en les imaginant ensemble, seuls, et tomba en pâmoison. Au lever du jour, ils trouvèrent Mme Walter encore inconsciente devant le tableau. Après cela, elle fut si malade qu'on désespérait presque de sa vie.

M. Walter expliqua l'absence de sa fille aux domestiques en leur disant qu'elle avait été envoyée au couvent pour une courte période. Puis il répondit à une longue lettre de Du Roy, dans laquelle il consentait à son mariage avec sa fille. Bel-Ami avait posté cette épître en sortant de Paris, après l'avoir préparée la nuit de son départ. Il y disait en termes respectueux qu'il aimait la jeune fille depuis longtemps ; qu'il n'y avait jamais eu d'entente entre eux, mais qu'au moment où elle venait lui dire : « Je serai votre femme », il se sentait autorisé à la garder, à la cacher, en fait, jusqu'à ce qu'il eût obtenu une réponse de ses parents, dont les désirs avaient pour lui plus de valeur que ceux de sa fiancée.

Georges et Suzanne ont passé une semaine à La Roche-Guyon. Jamais la jeune fille ne s'était autant amusée. Lorsqu'elle passait pour sa sœur, ils vivaient dans une intimité chaste et libre, une sorte de camaraderie vivante. Il jugea plus sage de la traiter avec respect, et quand il lui dit : « Nous reviendrons demain à Paris ; ton père m'a donné la main, murmura-t-elle naïvement : C'est tout aussi agréable que d'être votre femme.

CHAPITRE XVIII.
OBTENTION

Il faisait nuit dans les appartements de la rue de Constantinople, lorsque Georges du Roy et Clotilde de Marelle, s'étant rencontrés à la porte, y entrèrent. Sans lui laisser le temps de lever les stores, celui-ci lui dit :

« Alors tu vas épouser Suzanne Walter ? »

Il répondit par l'affirmative, ajoutant doucement : « Ne le saviez-vous pas ? »

Elle répondit avec colère : « Alors, vous allez épouser Suzanne Walter ? Pendant trois mois, tu m'as trompé. Tout le monde le savait, sauf moi. Mon mari me l'a dit. Depuis que vous avez quitté votre femme, vous vous êtes préparés à ce coup, et vous vous êtes servi de moi dans l'intervalle. Quel coquin vous êtes !

Il a demandé : « Comment faites-vous cela ? J'ai eu une femme qui m'a trompé ; Je l'ai surprise, j'ai obtenu le divorce et je vais maintenant en épouser un autre. Qu'y a-t-il de plus simple que cela ?

Elle murmura : « Quel scélérat ! »

Il dit avec dignité : « Je vous supplie de faire plus attention à ce que vous dites. »

Elle se révolta contre ces paroles de sa part : « Quoi ! Voulez-vous que je vous manipule avec des gants ? Vous vous êtes conduit comme un coquin depuis que je vous connais, et maintenant vous ne voulez pas que j'en parle. Vous trompez tout le monde ; Vous accumulez partout du plaisir et de l'argent, et vous voulez que je vous traite en honnête homme.

Il se leva ; ses lèvres se contractèrent : « Tais-toi ou je te ferai quitter ces pièces. »

Elle s'écria : « Partez d'ici, vous me ferez... vous ? Vous oubliez que c'est moi qui ai payé ces appartements dès le début, et vous menacez de m'en expulser. Taisez-vous, bon à rien ! Croyez-vous que je ne sache pas comment vous avez volé à Madeleine une partie du legs de Vaudrec ? Pensez-vous que je ne sais pas pour Suzanne ?

Il la saisit par les épaules et la secoua. « Ne parlez pas de cela ; Je vous l'interdis.

« Je sais que tu l'as ruinée ! »

Il aurait accepté n'importe quoi d'autre, mais ce mensonge l'exaspérait. Il répéta : « Tais-toi, prends garde », et il la secoua comme il eût secoué la branche d'un arbre. Elle continua cependant ; « Vous avez été sa ruine, je le sais. » Il se précipita sur elle et la frappa comme si elle eût été un homme. Tout à coup, elle cessa de parler et gémit sous ses coups. Finalement, il s'arrêta, fit plusieurs fois les cent pas dans la pièce afin de reprendre possession de lui-même, entra dans la chambre, remplit le bassin d'eau froide et se baigna la tête. Puis il se lava les mains et retourna voir ce que faisait Clotilde. Elle n'avait pas bougé. Elle s'étendit sur le sol en pleurant doucement. Il demanda durement :

« Aurez-vous bientôt fini de pleurer ? »

Elle n'a pas répondu. Il se tenait au centre de la pièce, un peu embarrassé, un peu honteux, en voyant la forme étendue devant lui. Tout à coup, il saisit son chapeau. « Bonsoir. Vous pouvez laisser la clé au concierge lorsque vous êtes prêt. Je n'attendrai pas votre bon plaisir.

Il sortit, ferma la porte, chercha le portier et lui dit : « Madame se repose. Elle va bientôt sortir. Vous pouvez dire au propriétaire que j'ai donné mon préavis pour le premier octobre.

Son mariage fut fixé au vingtième ; elle devait avoir lieu à la Madeleine. Il y avait eu beaucoup de commérages sur toute l'affaire, et de nombreux rapports différents avaient circulé. Mme Walter avait beaucoup vieilli ; Ses cheveux étaient gris et elle cherchait du réconfort dans la religion.

Au commencement de septembre, la Vie française annonça que le baron du Roy de Cantel en était devenu le rédacteur en chef, M. Walter se réservant le titre de directeur. À cette annonce étaient joints les noms de l'équipe des critiques d'art et de théâtre, des journalistes politiques, etc. Les journalistes ne se moquaient plus de parler de la Vie Française ; son succès avait été rapide et complet. Le mariage de son rédacteur en chef fut ce qu'on appela un « événement parisien », Georges du Roy et les Walters ayant suscité de nombreux commentaires pendant un certain temps.

La cérémonie a eu lieu par une belle journée d'automne. À dix heures, les curieux commencèrent à se rassembler ; À onze heures, des détachements d'officiers viennent disperser la foule. Peu de temps après, les premiers invités sont arrivés ; Ils étaient suivis par d'autres, des femmes en costumes riches, des hommes, graves et dignes. L'église a lentement commencé à se remplir. Norbert de Varenne aperçut Jacques Rival et le rejoignit.

« Eh bien, dit-il, les aiguiseurs réussissent toujours. »

Son compagnon, qui n'était pas envieux, répondit : « Tant mieux pour lui. Sa fortune est faite.

Rival demanda : « Savez-vous ce qu'est devenue sa femme ? »

Le poète sourit. — Oui et non, elle vit une vie très retirée, m'a-t-on dit, dans le quartier de Montmartre. Mais... il y a un mais... depuis quelque temps, je lis dans La Plume des articles politiques qui ressemblent à ceux de Forestier et de Du Roy. On suppose qu'ils sont écrits par un Jean Le Dol, un jeune homme intelligent, beau, un peu comme notre ami Georges, qui a fait la connaissance de Mme Forestier. J'en ai conclu qu'elle aime les débutants et qu'ils l'aiment. Elle est, en outre, riche ; Ce n'est pas pour rien que Vaudrec et Laroche-Mathieu n'ont pas été attentifs à elle.

Rival demanda : « Dites-moi, est-il vrai que Mme Walter et Du Roy ne parlent pas ? »

« Oui. Elle ne voulait pas lui donner la main de sa fille. Mais il a menacé le vieil homme de révélations choquantes. Walter se souvint du sort de Laroche-Mathieu et céda aussitôt ; Mais sa femme, obstinée comme toutes les femmes, jura qu'elle n'adresserait jamais un mot à son gendre. C'est drôle de les voir ensemble ! Elle ressemble à la statue de la vengeance, et il est très mal à l'aise, bien qu'il essaie de paraître à son aise.

Soudain, le bedeau frappa le sol trois fois avec son bâton. Tout le monde se retourna pour voir ce qui allait arriver, et la jeune mariée apparut dans l'embrasure de la porte, appuyée sur le bras de son père. Elle avait l'air d'une belle poupée, couronnée d'une couronne de fleurs d'oranger. Elle s'avança, la tête baissée. Les dames souriaient et murmuraient en passant devant elles. Les hommes murmurèrent :

« Exquis, adorable ! »

M. Walter marchait à côté d'elle avec une dignité exagérée. Derrière eux venaient quatre demoiselles d'honneur, vêtues de rose et formant une cour charmante pour une reine si délicate.

Mme Walter suivit le bras du vieux père du comte de Latour-Ivelin. Elle ne marchait pas ; Elle se traînait, prête à s'évanouir à chaque pas. Elle avait vieilli et maigri.

Puis vint Georges du Roy avec une vieille dame, une inconnue. Il tenait la tête fièrement droite et portait sur son manteau, comme une goutte de sang, le ruban rouge de la Légion d'honneur.

Il fut suivi par des membres de sa famille : Rose, mariée depuis six semaines, avec un sénateur ; Le comte de Latour-Ivelin avec la vicomtesse de Percemur. Derrière eux se trouvait un cortège hétéroclite d'associés et d'amis de Du Roy, de cousins campagnards de Mme Walter et d'invités invités par son mari.

Les sons de l'orgue remplissaient l'église ; les grandes portes de l'entrée étaient fermées, et Georges s'agenouillait à côté de sa fiancée dans le chœur. Le nouvel évêque de Tanger, la croix à la main, la mitre sur la tête, entra par la sacristie, pour les unir au nom du Tout-Puissant. Il posa les questions habituelles, on échangea des alliances, on prononça des mots qui les lièrent pour toujours, puis il prononça un discours aux nouveaux mariés.

Le bruit de sanglots étouffés en fit tourner la tête à plusieurs. Mme Walter pleurait, le visage enfoui dans ses mains. Elle avait été obligée de céder ; mais depuis le jour où elle avait dit à Du Roy : « Vous êtes l'homme le plus vil que je connaisse ; ne me parlez plus, car je ne vous répondrai pas, elle avait souffert d'une angoisse intolérable. Elle haïssait amèrement Suzanne ; Sa haine était causée par une jalousie surnaturelle. L'évêque mariait une fille à l'amant de sa mère, devant elle et deux mille personnes, et elle ne pouvait rien dire ; Elle n'a pas pu l'arrêter. Elle ne pouvait pas pleurer : « Il est à moi, cet homme est mon amant. Cette union que vous êtes en train de bénir est infâme.

Plusieurs dames, touchées par son chagrin apparent, murmuraient : « Comme cette pauvre mère est touchée ! »

L'évêque dit : « Vous êtes parmi les favorisés de la terre. Vous, monsieur, qui êtes élevé au-dessus des autres par votre talent, vous qui écrivez, instruisez, conseillez, guidez le peuple, vous avez une grande mission à remplir, un bel exemple à donner.

Du Roy l'écoutait fièrement. C'est ainsi qu'un prélat de l'Église romaine lui parla. Un certain nombre de personnages illustres étaient venus là à cause de lui. Il lui semblait qu'une puissance invisible le poussait. Il deviendrait l'un des maîtres du pays, lui, le fils des pauvres paysans de Canteleu. Il avait donné à ses parents cinq mille francs de la fortune du comte de Vaudrec, et il comptait leur en envoyer cinquante mille de plus ; Ensuite, ils pourraient acheter une petite propriété et vivre heureux.

L'évêque avait terminé sa harangue, un prêtre monta à l'autel et l'orgue sonna. Soudain, les tons vibrants se fondirent en sons délicats et mélodieux, comme des chants d'oiseaux ; Puis de nouveau, ils s'enflèrent en tons profonds et pleins et des voix humaines chantèrent au-dessus de leurs têtes inclinées. Vauri et Landeck de l'Opéra chantaient.

Bel-Ami, agenouillé à côté de Suzanne, baissa la tête. À ce moment-là, il se sentit presque pieux, car il était rempli de gratitude pour les bénédictions qu'il avait reçues. Sans savoir à qui il s'adressait, il a rendu grâce pour son succès. Quand la cérémonie fut finie, il se leva, et, donnant le bras à sa femme, ils passèrent dans la sacristie. Un flot de personnes entra. Georges s'imaginait un roi que le peuple venait saluer. Il lui serra la main, prononça des paroles qui ne signifiaient rien, et répondit aux félicitations par ces mots : « Vous êtes très bon. »

Tout à coup il aperçut Mme de Marelle, et le souvenir de tous les baisers qu'il lui avait donnés et qu'elle lui avait rendus, de toutes leurs caresses, du son de sa voix, le saisit d'un désir fou de la reconquérir. Elle était si jolie, avec ses yeux brillants et son air espiègle ! Elle s'avança un peu timidement et lui tendit la main. Il le prenait, le retint et le pressa comme pour dire : « Je t'aimerai toujours, je suis à toi. »

Leurs yeux se rencontrèrent, souriants, brillants, pleins d'amour. Elle murmura de sa voix douce : « Jusqu'à ce que nous nous revoyions, monsieur ! » et il répéta gaiement ses paroles.

D'autres se sont approchés, et elle est passée. Finalement, la foule se dispersa. Georges posa la main de Suzanne sur son bras pour traverser l'église avec elle. Il y avait beaucoup de monde, car tous avaient repris place pour les voir quitter ensemble l'édifice sacré. Il marchait lentement, d'un pas ferme, la tête droite. Il ne vit personne. Il ne pensait qu'à lui.

Lorsqu'ils atteignirent le seuil, il vit une foule rassemblée à l'extérieur, venue le regarder, Georges du Roy. Le peuple de Paris l'enviait. Levant les yeux, il aperçut au-delà de la place de la Concorde la chambre des députés, et il lui sembla qu'il n'y avait qu'un jet de pierre entre le portique de la Madeleine et celui du Palais Bourbon.

Ils descendirent tranquillement les marches entre deux rangées de spectateurs, mais Georges ne les vit pas ; ses pensées étaient revenues au passé, et devant ses yeux, éblouis par le soleil éclatant, flottait l'image de Mme de Marelle, réarrangeant les mèches bouclées de ses tempes devant le miroir de leurs appartements.

9 789369 436248

Printed at Repro India Ltd.